Metodologia do ensino de História e Geografia

Dados Internacionais de Catalogação na Publicação (CIP)
(Câmara Brasileira do Livro , SP, Brasil)

Penteado, Heloísa Dupas
 Metodologia do ensino de história e geografia / Heloísa Dupas Penteado. — 4. ed. — São Paulo : Cortez, 2011.

 Bibliografia.
 ISBN 978-85-249-1451-5

 1. História - Estudo e ensino (Ensino fundamental) 2. Geografia - Estudo e ensino (Ensino fundamental) 3. Professores - Formação I. Título.

08-09454 CDD-370.71

Índices para catálogo sistemático:

1. Professores de história e geografia :
    Formação profissional : Educação   370.71

Heloísa Dupas Penteado

Metodologia do ensino de História e Geografia

4ª edição
4ª reimpressão

METODOLOGIA DO ENSINO DE HISTÓRIA E GEOGRAFIA
Heloísa Dupas Penteado

Capa: aeroestúdio
Preparação dos originais: Agnaldo Alves
Revisão: Fernanda Almeida Umile
Composição: Dany Editora Ltda.
Coordenação editorial: Danilo A. Q. Morales

Nenhuma parte desta obra pode ser reproduzida ou duplicada sem autorização expressa da autora e do editor.

© 2008 by Heloísa Dupas Penteado

Direitos para esta edição
CORTEZ EDITORA
Rua Monte Alegre, 1074 — Perdizes
05014-001 — São Paulo-SP
Tel.: (11) 3864-0111   Fax: (11) 3864-4290
E-mail: cortez@cortezeditora.com.br
www.cortezeditora.com.br

Impresso no Brasil — maio de 2019

Sumário

Apresentação à 2ª edição 9

PARTE I   O ensino de Ciências Humanas

CAPÍTULO 1 ■ *As Ciências Humanas* 21
    Área do conhecimento humano 21
    As Ciências Humanas no Ensino Fundamental 24
    Contribuição das Ciências Humanas para a formação do
    aluno do Ensino Fundamental 27

PARTE II   Proposta de ensino de História e Geografia

CAPÍTULO 2 ■ *Eixos geradores do conhecimento* 31
    História e Geografia: formas de atuação nas séries iniciais do
    Ensino Fundamental 31
    Estrutura conceitual básica 41
    A estrutura conceitual básica e o ensino de História e
    Geografia no Ensino Fundamental: condições de
    aprendizagem 43

CAPÍTULO 3 ■ *Metodologia de ensino de História e Geografia no Ensino Fundamental* 48
   Condições de aprendizagem e níveis de ensino 50
   Proposta programática: conteúdos e conceitos 53

PARTE III   Conteúdo e métodos na sala de aula das séries iniciais do Ensino Fundamental

CAPÍTULO 4 ■ *A 1ª série* 75
   Ideias norteadoras 75
   O 1º semestre: vivência e conteúdo 78
     — Relações sociais: a atuação do professor 78
     — Relações sociais: a construção da identidade social/escolar do aluno 84
     — Tempo 88
     — Espaço 92
   O 2º semestre: os conceitos de Natureza e Cultura 94

CAPÍTULO 5 ■ *A 2ª série* 101
   Ideias norteadoras 101
   O 1º semestre: trabalho introdutório 105
     — Divisões espaciais 105
     — Representação espacial 110
     — Representações convencionais do espaço terrestre: Globo, mapa-múndi 113
   O 2º semestre: conceitos específicos 118
     — Espaço, Natureza, Cultura 118
        Espaço 118
        Natureza e Cultura 120
     — Ampliação de conceitos 121

CAPÍTULO 6 ■ *A 3ª série* 125
   Ideias norteadoras 125
   O 1º semestre: trabalho introdutório e conceitos específicos 129
      — Pontos cardeais 129
      — O espaço em movimento 134
      — O movimento de rotação 137
      — Tempo 144
         Leitura das horas 144
         Tempo como duração 148
         Tempo 148
         Representação do tempo 152
      — Ampliação de conceitos 154

CAPÍTULO 7 ■ *A 4ª série* 157
   Ideias norteadoras 157
   O 1º semestre 159
      — O espaço Brasil e suas divisões 162
   O 2º semestre: representação do tempo histórico 171
   Representação temporal da história do Brasil 173
   Ampliação e aprofundamento de conceitos 176

CAPÍTULO 8 ■ *A 5ª série* 181
   Ideias norteadoras 181
   O 1º semestre 185
      — Os indígenas: localização e cultura 185
      — O colonizador: localização e cultura 190
   O 2º semestre 193
      — A organização da vida brasileira pelos
         portugueses 193
      — A escravidão negra: o encontro das culturas 196

PARTE IV   Formação de professores

CAPÍTULO 9 ■ *A formação do professor* 205
   Ideias norteadoras 205
      — Conteúdo programático 208
   Da formação do aluno-mestre às cinco séries iniciais hoje:
   a reconstrução do caminho 209

CAPÍTULO 10 ■ *A atuação do aluno-mestre* 224
   Ideias norteadoras 224
   Por que aprender História e Geografia? 225
   Textos básicos de leitura 231
   Princípios do "ensino produtivo" em oposição ao "ensino
   reprodutivo" 232
   O livro didático 234
   A execução da aula... 241

BIBLIOGRAFIA 247

Apresentação à 2ª edição

Este volume tem origem no livro de minha autoria — *Metodologia do Ensino de História e Geografia* — agora revisto e atualizado, atendendo às disposições da LDB 9394/96 e da lei 11274, de 05/02/2006.

A nova lei de Diretrizes e Bases da Educação Nacional mudou:

1. a nomenclatura dos níveis componentes do Ensino Básico para Educação Infantil, Ensino Fundamental e Ensino Médio;
2. instituiu a exigência mínima de formação em nível superior para o professor do Ensino Fundamental.

A lei 11.247 de 06/02/2006 acrescentou ao Ensino Fundamental uma série, passando assim a ter a duração de 9 anos, antecipando em um ano o dever do Estado para com a educação de crianças e adolescentes brasileiros.

O presente volume considera tais mudanças, em sua organização.

A proposta aqui apresentada tem por meta a qualificação da formação inicial e continuada do professor das séries iniciais do Ensino Fundamental, visando a operacionalização da prática do ensino, teoricamente fundamentada em conhecimentos científicos sobre ensino-aprendizagem.

O fato de a formação inicial hoje se dar em nível superior propicia uma melhor compreensão do que aqui se propõe, uma vez que ocorre em faixa etária de maior amadurecimento bio-psico-social do professorando e em formação acadêmica, na qual deverão tomar conhecimento de produções científicas que necessariamente devem fundamentar o exercício do magistério.

Procedemos nesta nova edição às alterações que ajustam a proposta da metodologia do ensino de História e Geografia nas séries iniciais do Ensino fundamental, às mudanças legais.

Na versão original, as Partes I e II já se adiantavam ao espírito atual da lei no que se refere ao Ensino Fundamental e suas metas: promover a formação básica do cidadão a compreensão do ambiente natural e social, e dos valores em que se fundamenta a sociedade, com destaque à solidariedade humana, a formação de atitudes e valores, o fortalecimento de vínculos de família (art. 32, I, II, III, IV). Por essa razão, a primeira parte (cap. 1) e a segunda parte (cap. 2) não sofreram, praticamente, alterações.

As maiores alterações ocorrem a partir do capítulo 3, em que apresentamos uma proposta de Objetivos e Conteúdos para o ensino de História e Geografia nas séries iniciais, e nos capítulos 4 a 8, nos quais apresentamos a prática do ensino teoricamente fundamentada ao longo das agora cinco séries do Ensino Fundamental.

A duração de cinco anos do Ensino Fundamental 1 propiciou uma melhor distribuição dos conteúdos e exigiu ajustes metodológicos adequados às condições internas de aprendizagem da criança de 6 anos, agora presente na 1ª série.

Na bibliografia foram feitos alguns acréscimos, com publicações recentes que contêm os conhecimentos produzidos por vários pesquisadores da área das Ciências Humanas e do seu ensino.

No volume 5 dos Parâmetros Curriculares Nacionais (2001), tanto o professor de Metodologia quanto o professorando em formação inicial, bem como os professores em exercício nas séries iniciais do Ensino Fundamental, encontram importantes informações sobre História e Geografia (as ciências e as disciplinas escolares).

Com a presente edição, pretendemos contribuir com a transposição didática dos conhecimentos geo-sócio-históricos para a sala de aula das séries iniciais do Ensino Fundamental, visando uma prática docente fundamentada, refletida, produtora de conhecimentos.

A proposta que aqui fazemos articula-se com uma compreensão do Ensino Fundamental orientado para o conhecimento e a alfabetização. A alfabetização é entendida aqui como um processo que não se esgota em si mesmo, que não se completa no momento em que os alunos dominam as técnicas de leitura e escrita, mas leva *a saber ler e escrever para propiciar o acesso ao conhecimento sistematizado*. Em outras palavras, a alfabetização desdobra-se em tantas outras "alfabetizações" quantos são os conhecimentos com que se lida nesse nível de ensino.

Essa compreensão recupera o vínculo de fato existente entre as várias facetas do processo de aprendizagem. É inadequada uma conduta profissional em que o professor, num dado momento de seu trabalho na sala de aula, "está alfabetizando", ou "ensinando a ler e escrever", num outro momento está ensinando História e Geografia, num terceiro momento está "ensinando Ciências", e assim por diante.

Na nossa perspectiva, o docente estará alfabetizando através da História e Geografia, da Matemática, das próprias técnicas de leitura e escrita, as quais, além de constituírem um trabalho específico de alfabetização, constituem também um trabalho com História e Geografia, por exemplo. Pois, ao lidar com essas técnicas, bem como com os demais conhecimentos, o professor estará, juntamente com seus alunos, lidando com conhecimentos, produtos da criação humana. E "criação humana" é conteúdo das Ciências Humanas.

Em nome dessa concepção, é preciso considerar também que ao ensinar História e Geografia o professor estará ampliando o vocabulário de nosses alunos com as palavras correspondentes aos conceitos componentes do campo de conhecimento das Ciências Humanas, trabalhados em cada uma das séries.

Por essa razão, ao final de cada série destacaremos o acréscimo vocabular, registrando as palavras cujos significados começaram a ser desenvolvidos, e cuja correção gráfica deve ser cuidada pelo professor.

Podemos dizer então que esta é uma proposta de "Alfabetização" em História e Geografia para as séries iniciais do Ensino Fundamental 1 (1ª a 5ª séries).

Destina-se, pois, a vários profissionais ligados com esta questão e a seus formadores, a saber: professores de Metodologia do Ensino de História e de Geografia, de cursos de formação inicial de professores, aos alunos destes cursos, futuros professores de História e Geografia de 1ª a 5ª séries do Ensino Fundamental 1; a professores e alunos de cursos de Licenciatura em História e Geografia (especialmente nas disciplinas Didática e Prática de Ensino); a professores em exercício do magistério nas séries iniciais do Ensino Fundamental.

Partimos de uma compreensão de História e Geografia enquanto ciências pertencentes ao campo das Ciências Humanas, o que marca todo o trabalho aqui elaborado.

Esta obra divide-se em quatro partes:

Na parte I, o leitor poderá situar História e Geografia no campo mais amplo de produção de conhecimentos da área das Ciências Humanas; deparar-se-á com propostas anteriormente feitas para o trabalho com Ciências Humanas no Ensino Fundamental e com a contribuição que as Ciências Humanas têm a dar na formação do aluno.

Na parte II, a problematização das formas de atuação já utilizadas no ensino de História e Geografia encaminha a necessidade de resolução das questões levantadas. O leitor encontrará então uma Proposta de Ensino para as séries iniciais do Ensino Fundamental, orientada por reflexões baseadas em um duplo compromisso: com condições para uma aprendizagem significativa, responsáveis pela criação de situações sugestivas de ensino, a saber: condições internas de aprendizagem do aluno e condições externas de aprendizagem criadas pelo professor.

Na parte III, a Metodologia que orienta esta proposta explicita, detalhadamente, a sua execução ao longo das cinco séries iniciais do Ensino Fundamental com o cuidado de delineá-las como o período em que se garante uma introdução significativa dos alunos em História e Geografia para a compreensão da vida e para a incorporação de pré-requisitos necessários e indispensáveis a um curso de nove séries como um processo contínuo, sem quebras ou fragmentações. É, pois, nestas séries iniciais que um conhecimento básico em termos de conteúdos (aprendizagem de conceitos básicos) e de habilidades (procedimentos de observação, comparação, registro de representações espaciais e temporais, iniciação e leitura de mapas e globos, resolução de problemas) tem de ser desenvolvido.

A formação de professores competentes para um ensino assim orientado é tratada na parte IV. Focaliza-se aí a disciplina Metodologia do Ensino de História e Geografia no curso de formação de professores. Apresenta-se uma proposta na qual, entre as demais sugestões, indicam-se muitos textos das partes I, II e III, como material para ser utilizado pelos professorandos.

Com essa sequência pretendemos primeiramente situar o leitor na proposta aqui apresentada, cuja execução orienta a formação de professores na concepção do ensino produtivo aqui proposta.

Focalizamos, então, nos capítulos 9 e 10 a disciplina Metodologia do Ensino de História e Geografia no curso de formação inicial de professores, que tem por objetivos a formação do professor reflexivo e produtor de conhecimento sobre o ensino de História e Geografia, e formador de alunos que apossados dos conceitos básicos desta área das Ciências Humanas, sejam capazes de operar com eles em suas participações na vida social e na continuidade de estudos no Ensino Fundamental.

Alguns cuidados nos orientaram nessa proposta.

Entendemos que a tradução dos conhecimentos científicos para o dia-a-dia das salas de aula das séries iniciais do Ensino Fundamental é uma tarefa complexa.

Por esta razão, detalhamos a transposição didática dos conhecimentos de História e Geografia para as séries iniciais do Ensino Fundamental aqui apresentada, levando em consideração supostas dificuldades decorrentes da formação de um professor polivalente e, portanto, não especialista nos conteúdos das múltiplas áreas de conhecimento em que atua.

Na parte I da presente edição, procuramos situar minimamente o professor na área das Ciências Humanas e no ensino de suas disciplinas nas séries iniciais do Ensino Fundamental.

Todavia, não perdemos de vista que cada experiência docente é sempre um "fato único" e que portanto exige que o professor "tome decisões no ato", levando em consideração a singularidade da classe de alunos real e concreta com que se depara, e com a singularidade de sua própria identidade profissional e pessoal, suas possibilidades e limites, bem como as possibilidades dos recursos disponíveis na instituição de ensino e da comunidade em que atua profissionalmente.

Assim sendo as alternativas de atividades, sua dosagem por séries, sua sequência de distribuição no tempo aqui apresentadas são apenas sugestões que, desejamos, sejam recursos para o professor, germinadores de outros tantos de sua própria autoria, adequados à sua situação peculiar de ensino.

Apresentamos as atividades de ensino para cada série obedecendo aos seguintes critérios:

— iniciando os trabalhos da série sempre pelo conceito referente a fenômenos mais concretos, palpáveis, visíveis ou reproduzíveis em representações gráficas, fotográficas, televisuais, videográficas e que mais facilmente admitam a atuação das crianças com o fenômeno;

— recorremos sempre a recursos os mais simples, mas eficientes do ponto de vista do ensino produtivo, possíveis de serem encontrados ou produzidos em escolas as mais desprovidas de recursos sofisticados, como é o caso dos desenhos, figuras e representações corporais. A expectativa para escolas que disponham de recursos como TV, vídeo, computador e internet é que o professor faça uso desses recursos, muito úteis para a exploração pelos alunos com a orientação do professor, tendo os conceitos básicos da estrutura conceitual básica da área de Ciências Humanas como recurso. A respeito do uso desses recursos no ensino pelo professor, encontramos na bibliografia férteis indicações;

— a compreensão dos conceitos básicos da área de Ciências Humanas como instrumentos de participação mais esclarecida na vida social requer que, desde o início da escolarização, nossos alunos se defrontem com questões-problema a serem resolvidas já em atuações escolares. O conhecimento de uma História e Geografia descritiva a que a maioria de nós teve acesso é responsável: 1 — pela ausência de experiência do professor em montagem de problemas de História e Geografia (como se problemas fossem "coisa" apenas de Matemática!); 2 — por uma História e Geografia "decorativas" no ensino básico. Ou seja, o aluno memoriza descrições de conteúdos e os repete. Como com o ensino produtivo de História e Geografia se pretende que o aluno possa raciocinar "histórica e geograficamente" com os instrumentos conceituais em suas participações sociais, procuramos apresentar em todas as atividades "questões-problema" para serem resolvidas pelos alunos com a orientação do professor. Procuramos assim proporcionar uma introdução à problematização da História e Geografia ajustadas às condições internas de aprendizagem dos alunos iniciantes no Ensino Fundamental, para aqueles professores que ainda não tiveram essa experiência. A expectativa não é que se detenham nas "questões--problema" apresentadas, mas que a experiência de uma prática docente reflexiva leve o professor ao desenvolvimento e à criação de novas "questões-problema".

— as sugestões de tempo para a execução de trabalho com os conceitos em cada série são única e tão-somente lembretes para que o professor esteja sempre atento ao interesse dos alunos. Em outras palavras, será sempre necessário considerar o envolvimento dos alunos com as condições externas de aprendizagem montadas, para que não se alongue no tempo de uma atividade, ou nos procedimentos escolhidos, até torná-la enfadonha, e, portanto, deseducativa.

— a sequência dos trabalhos apresentados em cada série segue sempre a seguinte ordem dos "níveis de ensino" aqui adotados: nível exploratório (organização das normas orientadoras das relações sociais e registro sistemático do tempo cronológico e meteorológico); nível de desenvolvimento de conceitos específicos da série; nível de ampliação de conceitos.

— ao final dos trabalhos de todas as séries, focalizamos o vocabulário específico dos conhecimentos de História e Geografia a serem garantidos pelos ensinamentos da série.

Os capítulos de 4 a 8 são úteis tanto ao professor de Metodologia de História e Geografia, como aos professorandos dos cursos de formação inicial, e ao professor em exercício das cinco séries iniciais do Ensino Fundamental.

Os capítulos da parte IV encontram nas partes I e II a fundamentação desta Metodologia e a proposta de conteúdo e objetivos apresentados em duas modalidades: primeiro numa sequência por série e depois distribuídos num quadro que facilita a visualização da distribuição do conteúdo por objetivos no conjunto das cinco séries iniciais do Ensino Fundamental.

Os capítulos 9 e 10 da parte IV deste livro destinam-se, pois, especialmente ao professor de Metodologia do Ensino de História e Geografia.

Tendo a formação do professor e do aluno como preocupações principais, espera-se com esta proposta estar dizendo adeus ao ensino de História e Geografia como "disciplinas decorativas" e estar dando início ao ensino das Ciências Humanas, História e Geografia, como instrumento de compreensão da realidade, desde as séries iniciais do Ensino Fundamental.

Trata-se de um novo, promissor e longo caminho, cuja construção irá se dando historicamente, mediante a reunião das experiências, reflexões e estudos, de todos nós, professores e alunos, que por ele enveredarmos.

Um alerta final aqui se faz necessário. Sempre que trabalhamos de uma maneira inovadora, é preciso situar as pessoas diretamente alcançadas pela inovação (no nosso caso os pais dos alunos) a fim de não despertarmos "resistências" ao nosso trabalho por falta de comunicação adequada escola/família, ou por falta de compreensão.

Como o ensino produtivo nas séries iniciais trabalha bastante com a vivência escolar de comportamentos em que o aluno atua com os conceitos, como por exemplo, jogos, representações corporais, é importante que diariamente as atividades realizadas sejam registradas, ainda que de modo indicativo no caderno do aluno como por exemplo:

Barreirinha, 10 de março de 2008.
1ª série A — observação da natureza local.

Barreirinha, 15 de março de 2008.
3ª série C — jogo: espaço em movimento (movimento em rotação).

Há que se considerar que o caderno é um canal de comunicação da vida diária escolar do aluno que pais interessados e participativos costumam consultar. A ausência desse registro gera incompreensões. A presença deles pode levar a pedidos de esclarecimentos, o que é diferente de criar resistências.

É criar desejos e/ou necessidades de participação dos pais na vida escolar de seus filhos, podendo despertá-los para colaborações com solicitações de informações, pelos nossos alunos, em exercícios preparatórios de comportamentos indagativos em suas vivências sociais, desde já.

São Paulo, março de 2008.

PARTE I

O ensino de Ciências Humanas

Capítulo 1

As Ciências Humanas

Iniciamos o nosso estudo de Metodologia do Ensino de História e Geografia, situando estas disciplinas num quadro mais geral das Ciências Humanas, ao qual pertencem, tendo em vista as cinco séries iniciais do Ensino Fundamental. Verificaremos, a seguir, como as Ciências Humanas têm-se configurado nesse nível de ensino e qual a contribuição que têm a dar na formação dos alunos.

Área do conhecimento humano

Para nos situarmos dentro da perspectiva de trabalho pedagógico aqui proposta, é necessário precisar a natureza e importância específicas das disciplinas com cuja metodologia de ensino trabalharemos e examinar a contribuição das Ciências Humanas na formação do aluno das séries iniciais do curso de ensino fundamental.

As Ciências Humanas compreendem uma área do conhecimento humano alimentada pelo saber produzido por várias ciências — Sociologia, Antropologia, História, Geografia, Economia e Política, entre outras. Todas têm como objeto de estudo o *homem em suas relações*: entre si, com o meio natural em que vive, com os recursos já criados por outros homens através dos tempos. Cada uma delas, por sua vez, especializa-se em determinados aspectos desse seu objeto de conhecimento, que é muito amplo.

A *Geografia* privilegia as relações do homem com o espaço em que está situado. Busca compreender tanto as características do espaço natural em que os homens se situam — campo de preocupações da chamada Geografia Física — como as formas de ocupação e uso que fazem desse espaço, através das relações que mantêm entre si — campo de preocupações da Geografia Humana. Ao buscar essa compreensão, a Geografia recorre a conhecimentos produzidos por outras Ciências Humanas, como a Sociologia, a Economia etc., e também a conhecimentos produzidos pelas Ciências da Natureza, ou Ciências Físicas, Químicas e Biológicas.

A *Sociologia* focaliza as relações que os homens tecem entre si, no seu espaço e no seu tempo. Busca compreender a sociabilidade humana nas relações de trabalho, familiares, de lazer, religiosas, de poder, bem como a inter-relação dessas relações na sua organização e funcionamento simultâneos. Para isso recorre ao conhecimento produzido por outras Ciências Humanas como a Economia — que tem como centro de seus estudos as relações de produção e distribuição de bens necessários à sobrevivência —, a Política — que busca apreender as relações de poder expressas em processos de dominação, subordinação e resistência desenvolvidas pelos agrupamentos humanos na sua convivência etc.

A *Antropologia* centraliza seus estudos nos homens e nos produtos de suas ações. Empenha-se em adquirir conhecimentos sobre o ser humano enquanto uma espécie animal, dentro da escala zoológica — campo de preocupações da chamada Antropologia Física — e também sobre as criações humanas — campo de preocupações da chamada Antropologia Cultural. Utiliza tanto conhecimentos produzidos por outras Ciências Humanas, como a Sociologia, a História e a Economia, como conhecimentos produzidos pelas Ciências da Natureza ou Ciências Físicas, Químicas e Biológicas.

A *História* procura estudar o homem através dos tempos, nos diferentes lugares em que tem vivido. Investiga permanências e mudanças ou transformações de seu modo de vida, no empenho de compreendê-las. Nesse trabalho conta com o conhecimento produzido por outras Ciências Humanas, como a Sociologia, a Antropologia, a Economia, a Política etc.

Estes exemplos bastam para mostrar que as Ciências Humanas formam uma intrincada teia de conhecimentos. As divisas de seus campos de trabalho constituem um recurso didático que viabiliza a abordagem ou o tratamento científico da realidade. Esta, de fato, é um todo que não se pode decompor e que o homem tenta compreender, para colocar a serviço do seu viver e do seu bem-estar.

O mesmo se pode dizer a respeito da divisão entre Ciências Humanas e Ciências da Natureza. Ambas se alimentam mutuamente na tarefa comum de construção do conhecimento científico da realidade. Este se distingue dos diferentes tipos de conhecimento ou compreensão da realidade por ser produzido através de um trabalho organizado, segundo normas observadas precisa e sistematicamente.

De acordo com essas normas, parte-se sempre da observação metódica do objeto que se pretende conhecer, e da coleta de dados ou informações significativas para a compreensão do aspecto que está sendo focalizado. Na etapa seguinte, procede-se à análise das informações coletadas, o que conduz à última etapa do trabalho: a construção de conceitos e generalizações. Esses conceitos e generalizações tanto podem reforçar os conhecimentos produzidos anteriormente, como podem ampliar, modificar ou mesmo negar os conhecimentos já existentes. Constituem também pontos de partida para novas investigações.

A produção do conhecimento compreende, pois, um processo de trabalho, atualmente organizado por uma "divisão do trabalho" entre cientistas de diferentes especialidades. No presente momento da história das ciências, essa divisão tem a função de viabilizar a ação humana de produção do conhecimento científico. Não impede, contudo, e chega mesmo a requerer, o recurso aos saberes produzidos em outros campos, ou a construção de equipes interdisciplinares de trabalho. Isso porque a própria indivisibilidade da realidade exige sempre a volta ao todo, à compreensão abrangente.

As Ciências Humanas no Ensino Fundamental

Tradicionalmente as Ciências Humanas encontram-se inseridas na educação básica (curso primário e curso ginasial, antes de 1971, curso de 1º grau após essa data, e Educação Infantil, Ensino Fundamental, Ensino Médio, a partir de 1996) através das disciplinas História e Geografia.

Essa redução das Ciências Humanas às disciplinas História e Geografia é motivo de preocupação. Embora essas duas ciências tenham grande importância na formação do educando, as Ciências Humanas não se reduzem a elas. Sabemos também que:

— a escola, e principalmente o Ensino Fundamental (direito de todos e dever do Estado), constitui um canal social de acesso da população ao conhecimento sistematizado, organizado, já produzido pelas Ciências;

— a oportunidade de acesso da população ao conhecimento produzido pelo conjunto das Ciências da Natureza, através da escola, vem sendo de alguma maneira garantida, embora também aqui tenham sido acionados mecanismos que desqualificam esse ensino. O conhecimento científico, em si desmistificador pela sua própria natureza e modo de produção, é um saber ameaçador. Propicia ou provoca, em quem se inicia nele, inquietação, curiosidade. Pode conduzir ao ato de "indagar";

— o acesso da população ao conhecimento produzido pelas Ciências Humanas vem sendo negligenciado, ao longo de nossa educação escolarizada, por razões sociais e históricas. Para herdeiros de um passado colonialista, e de regimes autoritários de governo, entremeados de regimes populistas, entender a realidade sociocultural como um fato "natural" — e, portanto, "dado" — propicia, senão mesmo garante, o "fatalismo" com que a população enfrenta as situações de injustiça social que compõem o seu cotidiano.

Com a Lei 5692/71 foram introduzidos os "Estudos Sociais" no curso de 1º grau.

Segundo a Lei e o Parecer 853/1971,

"Estudos Sociais é uma área de estudos que tem por objetivo a integração espaço-temporal do educando, servindo-se para tanto dos conhecimentos e conceitos da História e Geografia como base e das outras ciências humanas — Antropologia, Sociologia, Política, Economia — como instrumentos necessários para a compreensão da História e para o ajustamento ao meio social a que pertence o educando".

Destacavam-se nessa colocação legal, pela sua importância, três aspectos:

— as Ciências Humanas como instrumento necessário para a compreensão da História. Ao que acrescentamos: como instrumentos imprescindíveis à compreensão da realidade do educando, ou seja, à compreensão de sua realidade social, no momento histórico por ele vivido;

— as Ciências Humanas como instrumento necessário para o ajustamento ao meio social a que pertence o educando. Entendemos por "ajustamento" um processo altamente dinâmico, que se configura em "ação-reação-transformação";

— a ideia de "área de estudos" interdisciplinar, importante pela possibilidade que criava de trabalho integrado entre profissionais de diferente formação, o que introduzia uma probabilidade de superar o corporativismo que caracteriza a organização do trabalho escolar e, também, nossa própria formação, marcada pelo corporativismo das instituições que nos educaram.

O Conselho Federal de Educação, ao desconhecer a existência dos professores competentes para trabalhar nesta área e aprovar a criação dos cursos de nível superior de Estudos Sociais, transformou uma "área de estudos" em "disciplina". Com a pretensão de introduzir elementos das demais Ciências Humanas — o que não conseguiu —, descaracterizou a História e a Geografia.

Desperdiçou-se com esta medida: a importância dos conhecimentos de História e Geografia; a contribuição das demais Ciências Humanas; a rica ideia de "área interdisciplinar" de estudos.

Esse desperdício traduziu-se de maneira evidente na disciplina Estudos Sociais, que foi implantada no então curso de 1º grau, ao longo de suas oito séries, com programas tipo "coquetel cultural".

Nossa realidade, pelo que demonstrou a implantação da Lei 5692/71, e pelo que conhecemos dela a partir de nossa prática como professores, ainda não permite a realização da ideia de uma "área de estudos" interdisciplinar. A própria estrutura e organização da escola oficial é um empecilho, até pelo simples fato, para não citarmos outros, de que os professores não se encontram, não têm horários comuns de permanência, e suas horas de contratação para trabalhos fora da sala de aula são reduzidíssimas, não permitindo, quando existentes, que deem conta sequer da tarefa de preparar aulas ou corrigir trabalhos.

Para além dos empecilhos da estrutura e organização escolar há que se considerar problemas situados na formação do professor, composta de disciplinas desvinculadas entre si, da realidade educacional e vivencial dos professorandos, da realidade da educação escolar que os aguarda, e, detendo-se, quase sempre, em considerações teóricas, sem articulá-las com a realidade social.

Os doze anos de vigência da disciplina Estudos Sociais, no Ensino Fundamental, encarregaram-se de demonstrar o que acabamos de considerar.

O espírito da Lei de Diretrizes e Bases n. 9394/96 em sua abrangente concepção de educação (art. 1, Titulo I) envolvendo a vida sociocultural em suas múltiplas manifestações, e ao definir a intencionalidade formativa da educação em geral e da educação básica para o exercício da cidadania (art. 2, título II, art. 22, cap. II, título V) encaminha-nos a procedimentos metodológicos condizentes com tais metas.

O desagrado com o ensino das Ciências Humanas nas séries iniciais do Ensino Fundamental não data, porém, de 1971. Remonta ao período anterior, em que História e Geografia eram trabalhadas de maneira estanque, desvinculadas entre si e da realidade do aluno que a estudava, não dando conta de uma visão integrada da vida do ser humano, de sua existência em sociedade.

Diante disso, é necessário examinar a contribuição das Ciências Humanas na formação inicial do aluno do Ensino Fundamental, a partir da perspectiva que aqui se propõe, a fim de oferecer uma contribuição real a essa área de ensino, e não apenas uma alternativa a mais para confundir este já tão emaranhado campo de trabalho.

É também preciso reconsiderar a formação do professor, que no posicionamento aqui adotado busca operacionalizar os cuidados instituídos pela Lei de Diretrizes e Bases 9394/96, a saber: atender as características de cada fase do desenvolvimento do educando, associar teorias e práticas, aproveitar a formação e experiências anteriores dos professorandos (art. 61, I e II, Título VI).

Contribuição das Ciências Humanas para a formação do aluno do Ensino Fundamental

Entendemos a presença das Ciências Humanas no Ensino Fundamental como um dos elementos responsáveis pela preparação de um cidadão crítico, dotado de uma consciência social provida de objetividade suficiente, que lhe possibilite:

— perceber a sociedade em que vive como uma construção humana, que se reconstrói constantemente ao longo das gerações, o que não envolve necessariamente avanços ou melhorias: essa reconstrução pode ser reprodutora ou transformadora, realizando-se em um fluxo constante, dotado de historicidade, que orienta os processos aí desenvolvidos;

— perceber-se a si próprio como um agente social que fatalmente intervém na sociedade, seja compactuando com ela, seja transformando-a;

— perceber o sentido dos processos que orientam o constante fluxo social, bem como o sentido de sua intervenção nesse processo.

A presença das Ciências Humanas nas cinco séries do Ensino Fundamental, através da disciplina História e Geografia, deve garantir a iniciação do estudante nessa preparação mais ampla. Para isso é necessário assegurar para cada série um conhecimento significativo, ainda que introdutório, que possa ser utilizado pelo estudante ao longo de sua vida, na convivência com seus semelhantes, como um instrumento que lhe possibilite pensar sua realidade e melhor conhecê-la, para melhor atuar nela e se apossar dela, em vez de ser por ela engolido.

Assim, o mínimo de saber significativo provindo das Ciências Humanas que se pode deixar com alguém que tenha passado um ano pelos bancos escolares é a introdução ao conhecimento de que "o homem é um ser construtor e criador; que faz a sua construção através de sua ação, de seu trabalho sobre a natureza, juntamente com outros homens, para garantir a sua sobrevivência".

O avanço possível nesse conhecimento, para quem permanece ao longo das séries iniciais do Ensino Fundamental, é saber que "a vida social construída pelo homem é reconstruída ao longo das gerações; que essa reconstrução não significa necessariamente avanços ou melhorias".

Como se trata de saberes significativos, funcionarão para o indivíduo como instrumentos de pensamento e de conhecimento sobre sua vida, geradores de outros conhecimentos — e, portanto, são recursos eficientes no seu trabalho de construtor social, como ser humano que é.

Traduzir essa concepção das Ciências Humanas na prática pedagógica de sala de aula exige que se situe a disciplina História e Geografia como "estudos da vida do homem em sociedade". Estudos norteados pela História e Geografia e alicerçados nas diferentes Ciências Humanas cujos objetos de estudo apresentam pontos de interseção — e que, por isso mesmo, devem estar integradas, a partir de uma estrutura formada de eixos geradores de conhecimentos comuns a todas elas. O que tornará possível ao aluno apreender globalmente a vida social de modo articulado, no seu funcionamento e na sua historicidade.

Esses eixos geradores compreendem um corpo conceitual básico, que será explicitado no decorrer deste livro.

PARTE II

Proposta de ensino de História e Geografia

Capítulo 2

Eixos geradores do conhecimento

Neste capítulo são apresentados os fundamentos que dão suporte à proposta de ensino de História e Geografia, desdobrados nos seguintes tópicos:

- uma problematização e análise das formas de atuação correntes no ensino destas disciplinas;
- uma apresentação da estrutura conceitual básica da área de Ciências Humanas, instrumento com que atuaremos na construção de um novo ensino;
- uma análise dos conceitos básicos, a partir das condições internas e externas de aprendizagem, que orientará a sequência de trabalho com eles ao longo das cinco séries.

História e Geografia: formas de atuação nas séries iniciais do Ensino Fundamental

Diferentes formas de atuação com as Ciências Humanas nas séries iniciais do Ensino Fundamental caracterizam a história desse trabalho em nossas escolas.

Listas de heróis desvinculados de seu contexto, agindo de maneira inusitada, surpreendente e benévola, em datas aleatórias, já marcaram os procedimentos de ensino em História.

O apego à ordem cronológica dos acontecimentos, sequenciados linearmente, como se a história se desenvolvesse num sentido único, constitui outro filão que alimentou esses trabalhos.

Conduta semelhante orientou o ensino de Geografia. Extensas listas de nomes de acidentes geográficos, bem como extensas listas de números — indicando altura de picos e montanhas, altitude de planaltos e planícies, extensão de rios, seus volumes de água, graus de temperatura máxima e mínima de diferentes locais da Terra etc., como se esses dados fossem todos aleatórios e independentes entre si, eternos, constantes e imutáveis — nortearam a docência dessa disciplina, então preocupada com procedimentos meramente descritivos.

A tendência mais recente parece ser o desenvolvimento de temas considerados viabilizadores de abordagens históricas e geográficas integradas. De modo geral, esses temas são dispostos em círculos concêntricos, que se iniciam no estudo da escola e terminam no estudo do mundo, passando sucessivamente pela família, bairro, município, estado, país.

Pelo menos três princípios norteiam essa forma de organização do trabalho com estas disciplinas. Conforme um deles, o processo de aprendizagem do homem ocorre mais facilmente, com maiores rendimentos, quando se faz do "próximo" para o "distante". Um segundo assegura que o processo de aprendizagem dá-se de maneira mais fácil e rendosa quando caminha do "concreto" para o "abstrato". Um terceiro apoia-se na convicção de que nosso processo de aprendizagem realiza-se de maneira mais acessível e eficiente quando se caminha da "parte" para o "todo".

Permeia esses três princípios a ideia de que se aprende quando se parte do "simples" para o "complexo".

Embora essa ideia seja procedente, é preciso examiná-la mais detidamente, a fim de não fazer dela um uso indevido ou inadequado.

Pode-se considerar como simples um evento composto de poucas variáveis intervenientes entre si. É preciso então identificar o evento que corresponderia a tal critério no campo das Ciências Humanas.

Submetendo a ele a "Escola", tomada supostamente como o evento mais simples a ser estudado, veríamos que ela corresponde, na sequência citada, a uma realidade composta, no mínimo, por variáveis que se situam no âmbito da competência política estatal, da competência educacional familiar, da competência cultural da sociedade em que se insere e da competência profissional dos professores das áreas de ensino que a integram. Além disso, a escola representa, no início da escolaridade, um meio novo e pouco conhecido da vida do educando — se não ameaçador, pelo menos assustador.

Seria o evento "próximo" mais simples do que o "distante"?

Ainda aqui caberia indagar o que é "próximo" e o que é "distante". Seria "próximo" aquilo que se localiza espacialmente mais perto do sujeito? E "distante" o contrário disto?

Em termos de aprendizagem, a experiência tem demonstrado com grande frequência que não se pode fazer essa afirmação de maneira tão absoluta e tranquila. Lidando com crianças de classe média alta da cidade de São Paulo, que diariamente passavam por uma das pontes sobre o rio Tietê em seu trajeto para a escola, tive a oportunidade de constatar que, de maneira bastante geral, não haviam registrado sua existência. No entanto, todas elas tinham gravado em suas memórias o mar e a praia, situados no mínimo a 60 quilômetros da cidade de São Paulo, e aos quais seu acesso não era diário.

Trata-se de um exemplo ilustrativo, ao qual o leitor certamente poderá acrescentar muitos outros, provenientes de sua experiência docente.

Pode-se observar o mesmo em relação ao "concreto" e ao "abstrato".

Seria mais simples o evento "concreto" do que o evento "abstrato"? E o que seria "concreto"? O visível, o palpável, o experienciável?

Fazendo um levantamento linguístico junto à população de uma ilha de difícil acesso, situada no litoral brasileiro, na altura de São Sebastião, estado de São Paulo, alguns pesquisadores constataram que as crianças desta ilha tinham um agudo sentido de percepção para detectar a presença de cobras, abundantes no local. Raramente morriam em consequência de picadas. Porém, quando por qualquer razão iam até o continente, eram vítimas frequentes de atropelamentos por carro em São Sebastião. O que seria mais visível, audível e palpável: uma cobra ou um carro?

Por ocasião da chegada do homem à Lua, tivemos oportunidade de ouvir de um adulto que testemunhara o fato, via televisão, o seguinte comentário, feito com absoluta seriedade e convicção: "Isso aí não é verdade. É um filme. Senão, como é que vai fazer com o São Jorge?". "Como assim" — indaguei. "Ué, o São Jorge não é um santo que mora na Lua e é tão poderoso que matou até o dragão? Então ele lá ia deixar ficarem lá os homens com esse foguete? E ele nem apareceu aí".

"São Jorge" era personagem absolutamente concreta e palpável para esse adulto, embora nunca o tivesse encontrado em "carne e osso", espacialmente próximo a si. Já o "foguete espacial", por ele conhecido apenas através de fotos, figuras ou filmes (do mesmo modo que conhecia São Jorge), era apenas foto, figura ou filme. Não era realidade. Não existia.

O que emprestava à figura do santo tanta "factualidade" e "concreticidade", senão a crença depositada por esse adulto em sua existência?

Sobre esse mesmo evento — chegada do homem à Lua — presenciamos conversas de crianças que davam a impressão de que haviam participado pessoalmente do fato, tal o grau de veracidade e concreticidade que atribuíam ao acontecimento. Eram as mesmas crianças que não registraram em suas memórias a ponte sobre o rio Tietê, porque passavam diariamente em seu caminho para a escola.

O que emprestava ao evento ocorrido tão distante delas, e por elas testemunhado apenas via televisão, tanta "factualidade" e "concreticidade", senão a crença que depositavam na veracidade do fato?

Finalmente resta indagar se seria mais simples aprender partindo-se das partes para o todo.

É preciso considerar que cada parte, de modo geral, se subdivide em outras subpartes, bem como pertence a um todo maior do qual recebe influências e a que também influencia.

Seria realmente mais fácil entender a vida das abelhas começando por observar ou estudar uma das inúmeras "células" de que se compõe a colmeia? Mais do que isso: seria possível isolar a "célula" do todo da colméia de que faz parte? E, ainda que possível, esse corte não impediria a compreensão mais ampla da própria "célula", se não recorrêssemos em vários momentos ao todo, já que ignoraria as relações dessa "parte" com o "todo", bem como a dinâmica global que preside esse conjunto chamado "colméia"?

Poderíamos fazer as mesmas perguntas partindo de um outro aspecto do fenômeno considerado. Seria realmente mais fácil entender a vida das abelhas começando por observar ou estudar uma abelha? Seria possível isolá-la do conjunto das demais, partindo, por exemplo, do funcionamento do seu organismo? E, se possível, esse corte não impediria a compreensão se não recorrêssemos em vários momentos ao todo, já que ignoraria as relações de cada uma com as demais e com a própria colméia como um todo (e na qual figuram as células como a menor parte de que se compõe)?

Nas minhas experiências como professora, trabalhando com as séries iniciais do Ensino Fundametal, nunca ocorreu, a não ser excepcionalmente, que as crianças compreendessem que o Bairro está dentro do Município; este dentro do Estado; que o Estado está dentro de um País e este dentro de um Continente. Ainda que seguisse no trabalho os passos preconizados pela orientação que recebíamos — que se iniciava com um estudo da própria escola, localizando a carteira do aluno em sua sala de aula; a sala de aula em seu respectivo corredor, dentre outras salas; a sala de aula dentro do prédio escolar —, a esperada transferência de compreensão, que apoiava a recomendação metodológica, não acontecia.

O que explicaria tal situação?

Uma primeira resposta seria que entender que um Município está dentro de um Estado, este dentro de um País, e assim sucessivamente, implicava estabelecer uma relação de inclusão de uma parte num todo ainda desconhecido pelo aluno.

O que seria mais fácil: compor o "todo" formado por um pão de formato e tamanho desconhecidos, a partir de diferentes fatias em que estivesse cortado; ou compor o "todo" formado por um pão de formato e tamanho conhecidos previamente, a partir das diferentes fatias em que estivesse cortado?

Certamente a segunda situação parece mais acessível.

Na primeira, a falta de visão do todo exigiria comparar as diferentes fatias para ordenar sua sequência provável, num múltiplo fazer e refazer, através mesmo de um processo de ensaio e erro, até descobrir se o pão apresentava, por exemplo, contornos regulares (⌒‿⌒) ou contornos irregulares, mas distribuídos com regularidade (⌒‿⋀‿⌒), para citarmos apenas duas possibilidades.

O que não se diria então de compor um "todo" desconhecido, pela junção de suas partes também desconhecidas, uma vez que Bairro, Município etc. são "pedaços" ou "partes" não domináveis pela criança? Ainda que se possa levá-la a caminhar pela divisa de um bairro, ela é engolida pelo "pedaço", já que no momento em que está num ponto deste limite, não pode mais avistar ou observar o outro.

É possível tentar lidar com o processo de maneira diferente e observar os seus resultados. Em vez de começar pelo Bairro, por que não começar pelo Mundo?

Porém, como partir do Mundo, se já o espaço do Bairro é não dominável, empiricamente, pela criança?

Seria necessário recorrer a "mapas" e a "globos", que são, por sua vez, "espaços" que representam "espaços". Bastaria contar às crianças que "isto é a Terra", apontando para o globo ou para o mapa-múndi?

Seria suficiente proceder a uma leitura do mapa ou do globo, revelando águas e terras, continentes e oceanos, países etc. até chegarmos ao Município? Ou apenas estaríamos, desta forma, acrescentando dificuldades à já complexa relação do aluno com o espaço?

Antes tratava-se apenas de compor um "todo" desconhecido pela junção de suas "partes", também desconhecidas, porque não domináveis pela criança, pelo tamanho das mesmas (a criança se encontra dentro de uma parte). Agora seria ainda necessário acreditar que esses espaços, que podiam ser abarcados pelas suas próprias mãos (mapas e globos), correspondiam àqueles espaços chamados Bairros, Municípios etc., dentro dos quais ela se encontrava, e que agora se encontravam dentro de suas mãos. Além disso, como um globo e um mapa-múndi, tão diferentes entre si, poderiam corresponder a um mesmo espaço real?

Se a parte considerada "menor" (o Bairro) e, portanto, tida como mais acessível, já não era um espaço dominável empiricamente pelo aluno, não estaríamos acrescentando dificuldades ao apresentar o "todo", o "Mundo", espaço igualmente não dominável empiricamente por ele?

Porém, o ponto de partida do trabalho, desenvolvido desta outra forma, certamente deveria compreender uma etapa anterior, na qual começaríamos a preparar o aluno para a compreensão das novas questões que surgiriam.

Inicialmente seria importante proporcionar à criança a oportunidade de lidar com o espaço dominável por ela, através, por exemplo, de atividades lúdicas.

A cada experiência realizada seguir-se-ia imediatamente a confecção de um desenho que a representaria.

Com essas situações, a criança vivenciaria noções de "dentro" e "fora", "limites" e "fronteiras", experimentaria a possibilidade de poder estar simultaneamente dentro de vários espaços concêntricos; a impossibilidade de estar simultaneamente dentro de espaços heterocêntricos etc. Ao mesmo tempo, ela estaria sendo iniciada em "representação espacial" por meio do desenho feito após cada experiência e trabalhado adequadamente para este fim. Isto posto, a passagem para "mapas" e "globo" seria uma questão de grau, uma vez que a confecção de tais representações por profissionais é facilmente compreensível para a criança pelo recurso do desenho, da fotografia, quando experienciados por ela. Bem feito este trabalho, não mais seria necessário recorrer à crença do aluno de que "o mapa do Brasil representa o Brasil porque a minha professora disse", mas ele passaria a ser um canal confiável porque dominado por ele, tanto quanto a representação televisiva no caso da alunissagem.

Em várias situações em que se testou este outro procedimento, com crianças de diferentes escolas, os resultados foram surpreendentes. E o que se observou deixou patente que nem se trata de vir do "todo" para as "partes", como também não se trata de ir das "partes" para o "todo".

Portanto, simplesmente negar todas as indagações até aqui colocadas sobre essa questão, e admitir pura e simplesmente os seus contrários, afirmando que se aprende mais facilmente partindo do "todo" para as "partes", significaria incorrer em atitude tão mecânica e fragmentada quanto afirmar que se aprende mais facilmente da "parte" para o "todo".

Antes de afirmar ou negar qualquer uma dessas colocações, é preciso indagar: seria possível, retornando ao exemplo da colméia, estudá-la como um todo, sem em vários momentos nos determos nos elementos que a compõem, para em seguida recorrermos ao todo e, se necessário, novamente às partes?

Seria possível abarcar o "todo" num determinado momento, num tratamento sério e cuidadoso de um fenômeno, ignorando suas partes e as relações entre elas, que configuram o todo?

E, se possível, essa globalização da observação e estudo do fenômeno não equivaleria a superficializar sua compreensão, na medida em que se estaria desconsiderando ou mesmo desconhecendo a dinâmica que configura esse todo?

A experiência com os temas dispostos em círculos concêntricos no ensino de História e Geografia; a reflexão sobre seus resultados que, em termos de aprendizagem, não têm correspondido às expectativas; as constatações feitas a partir de novas experiências e, ainda, de estudos e reflexões sobre os processos de ensino vivenciados e seus resultados nos encaminham para as seguintes conclusões:

- a aprendizagem se faz num movimento constante que vai tanto das partes para o todo como do todo para as partes, ao longo de todo o seu processo;
- é concreto para o aprendiz aquilo que ele acredita que realmente existe; ignorar esse fato nos faz incorrer em erros como confundir "concreto" com o que simplesmente acontece ao lado das crianças e que é perceptível aos órgãos dos sentidos;
- é "próximo" do aprendiz aquilo que, pela significação e importância por ele atribuída, passa a fazer parte de sua realidade; se isso não fosse verdade, os meios de comunicação de massa não teriam a influência que têm.

Cabe aqui uma última observação a respeito do trabalho com História nas séries iniciais do Ensino Fundamental.

Na prática pedagógica dos trabalhos realizados em sala de aula, reproduziu-se o problema das propostas anteriores de História e Geografia, a partir do tema Município, não se tendo alcançado no desenvolvimento dos temas anteriores — Escola, Família e Bairro — conhecimentos que ultrapassassem os do senso comum.

Até chegar à 1ª série, a criança já viveu no mínimo sete anos na sua família, tendo portanto dominado os conhecimentos necessários para aí sobreviver, bem como os conhecimentos sobre o Bairro em que já se encontra vivendo.

Na pior das hipóteses, porém a mais frequente, a escola desconsidera esse conhecimento e trabalha um modelo de família, e de lar, estereotipado, que nada tem que ver com a realidade vivida pelo aluno nesse grupo social.

Na melhor das hipóteses, a escola apenas revê ou retoma esse conhecimento. O que isso acrescenta à criança?

São comuns, nos livros de Estudos Sociais, História e Geografia, cenas como estas: um casal, de cor branca, sentado em torno de uma mesa farta, numa sala limpa e agradável, acompanhado de duas ou três crianças, para representar a família reunida à hora da refeição; ou então um senhor branco, sentado em uma poltrona confortável, lendo o seu jornal ou assistindo à televisão, enquanto duas ou três crianças brancas, limpas, quase sempre loiras, brincam pela sala, enquanto num outro cômodo, a cozinha, uma senhora branca de avental lava louça.

Acompanha o desenho, de modo geral, um texto lido sem indagações, que diz: "Esta é a minha família".

Pergunto: à família de quantos de nós, alunos e professores de escola pública, corresponde esse modelo? Não seria de esperar da escola pelo menos um maior senso de realidade?

Com relação à própria escola, tão formal e vazio de significado acaba sendo o trabalho que nela vem sendo desenvolvido, que é comum, nos dias atuais, as crianças sequer saberem o nome de sua professora, de seus colegas ou mesmo da diretora.

As constatações já feitas, as reflexões sobre elas e nossa compreensão de História e Geografia como disciplinas responsáveis pelo acesso do aluno ao conhecimento produzido pelas Ciências Humanas nos levam a buscar uma forma de atuação com essas disciplinas que nos permita ultrapassar os problemas até aqui enfrentados.

É preciso substituir a apreensão fragmentada da vida social, a que os alunos vêm sendo expostos, por uma compreensão articulada da vida social, no seu funcionamento e na sua historicidade.

Somente assim formaremos sujeitos críticos capazes de uma atuação consequente em sua realidade.

Os conceitos que construímos a respeito da vida humana em sociedade são educacionalmente válidos como guias orientadores de nossas atitudes e comportamentos cotidianos. Daí a importância do trabalho com conceitos derivados das Ciências Humanas desde o início da formação escolar de nossos alunos, para o desenvolvimento de comportamentos saudáveis e construtivos, pessoalmente e coletivamente, já no ambiente escolar e pela vida afora.

Os conceitos básicos das Ciências Humanas, que compõem uma estrutura de eixos geradores de conhecimento, são um instrumento necessário para a organização do trabalho escolar nessa perspectiva desejada.

Estrutura conceitual básica

Toda a vida do homem, em qualquer sociedade, em qualquer lugar e em qualquer tempo, se passa dentro de um *espaço*, o qual tem características próprias que não foram criadas pelo homem. Trata-se, portanto, de um *espaço natural* que é transformado através do *tempo* por agentes naturais (responsáveis pela ocorrência das eras geológicas).

O encontro dos *homens entre si* e com o meio *natural* em que se inserem define, por intermédio de seu trabalho conjunto para a sobrevivência, o *espaço sociocultural* de sua existência, decorrente das transformações e criações que promove nesse meio.

Esse delineamento nos possibilita selecionar os conceitos básicos que formam a estrutura deste campo de conhecimento, e que são, cada um deles, geradores de outros conhecimentos.

Expressando-os numa disposição gráfica teríamos:

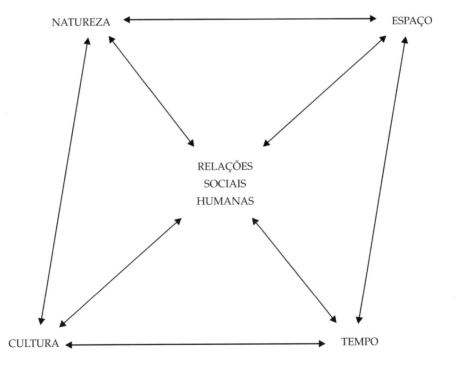

Os conceitos básicos são instrumentos de trabalho, para a análise e compreensão da realidade, provenientes das diferentes Ciências Humanas. Permitem perceber a íntima interligação dos fenômenos, representada no gráfico pelas setas. Cada um dos conceitos, por si, constitui-se num eixo conceitual, que se amplia e desdobra em outros conceitos a ele relacionados, à medida que o processo de compreensão dos mesmos caminha. Todos mantêm, ao longo de seus desdobramentos, relações entre si. A esses conceitos inter-relacionados denominamos *corpo conceitual*.

Completando a expressão gráfica desse corpo conceitual, com os conceitos como eixos que se ampliam e se inter-relacionam, temos:

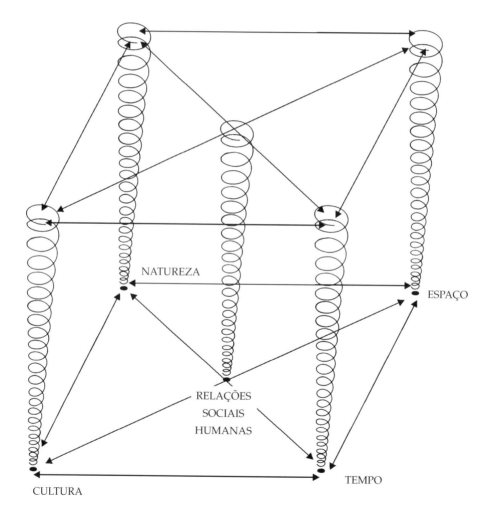

A estrutura conceitual básica e o ensino de História e Geografia no Ensino Fundamental: condições de aprendizagem

Os conceitos de *espaço* e de *tempo* são básicos no estudo da Geografia e da História, respectivamente. É nestas duas dimensões que as *relações sociais humanas* se travam, transformando a *natureza*, produzindo *cultura*, construindo a *História*.

A construção mental desses conceitos por parte do ser humano se dá na interação das condições internas de aprendizagem com as condições ambientais de que dispõe o aprendiz.

O professor é um profissional que, nesse processo, se localiza entre as condições ambientais, ou externas, e que atua na interação destas com as condições internas do aprendiz, agindo como mediador. Neste papel de mediação que exerce no processo de aprendizagem, pode vir a ser tanto um agente facilitador e catalisador, quanto um agente que o retarda, dificulta ou inibe.

Para que seja um agente facilitador e catalisador, é necessário que se oriente por um duplo critério, definido pelas condições internas e pelas condições externas.

Considerando as condições internas, o professor precisa saber: com quais desses conceitos lidar primeiro, com aprendizes em processo de desenvolvimento.

Considerando as condições externas, precisa saber: como montar as situações de aprendizagem sugestivas desses conceitos para aprendizes em processo de desenvolvimento.

Adotar as condições internas de aprendizagem como critério para sequenciar os conceitos conduz a algo mais do que simplesmente optar por ensinar História antes de Geografia, depois de Geografia ou simultaneamente. Impõe uma análise das características dos conceitos selecionados. Como estes, na realidade, são imbricados, entrelaçados uns nos outros, surge a questão: por onde começar a lidar com eles na escola?

Iniciando pelos conceitos básicos da História e da Geografia, encontramo-nos diante do *espaço* e do *tempo*.

O espaço ganha existência concreta, visível, palpável, tátil, no chão que pisamos, e que nos rodeia, na terra que habitamos (espaço geográfico).

A existência concreta do espaço é definida:

☐ por suas características naturais: chão plano, chão ondulado, chão recoberto de vegetação nativa;

☐ por suas características culturais: chão aplainado pelo homem, chão plantado pelo homem, chão devastado pelo homem, chão construído pelo homem.

O tempo ganha existência concreta, visível, tátil, e até palpável nos dias e noites que se sucedem, nas condições meteorológicas que se alternam de sol a chuva, permeadas de ventos e abafamentos.

A existência concreta do tempo é definida:

☐ por suas características naturais: luminosidade do sol no dia, ausência da luminosidade do sol à noite, precipitação das águas e o fenômeno da chuva, ausência de precipitação das águas e o fenômeno da seca etc.

Afora algumas poucas experiências de bombardeamento de nuvens para provocar uma precipitação pluviométrica (chuva artificial), pode-se dizer que não existem ainda interferências deliberadas do homem no tempo meteorológico.

Porém a ignorância ou falta de compreensão da vida em nosso planeta como resultado da relação dos homens entre si e com o meio ambiente, como nos permitem compreender as Ciências Humanas, tem causado terríveis consequências no tempo meteorológico. A poluição do ar que respiramos, ciclones, temporais seguidos de enchentes, desabrigando, causando doenças e até mortes em diversas partes do mundo, são alguns exemplos concretos, negativos de repercussão da intervenção desavisada no meio ambiente. Muito focalizados pela mídia, especialmente pela TV, nos dias atuais, tais exemplos evidenciam a importância e urgência de se traduzir em atitudes e comportamentos pessoais e coletivos, já na vida escolar, desde seu início, os conhecimentos que as Ciências Humanas, dentre as demais, nos disponibilizam. E a escola é um dos locais sociais privilegiados para o cultivo de condutas responsáveis e sustentáveis de nossos educandos em relação ao meio ambiente.

Além dessa existência concreta, *espaço* e *tempo* assumem dimensões abstratas.

O espaço ganha sua dimensão abstrata, não visível, não palpável, mas inferida, concluída através de uma operação mental, no espaço social em que vivemos e que é distinto do chão ou espaço geográfico que ocupamos.

Essa dimensão abstrata do espaço é definida: pelas relações sociais humanas que desenham as "distâncias sociais", distintas das distâncias geográficas.

Pessoas ou grupos que convivem em proximidade geográfica, no mesmo chão, podem estar muito distantes socialmente. Por exemplo: patrões e empregados dentro de uma fábrica; os governantes e os serviçais dentro do palácio do governo.

Por meio dessas relações, os homens produzem a cultura, tanto em sua manifestação concreta (objetos, utensílios, instrumentos) como em sua manifestação abstrata (normas e ordenações do comportamento que orientam as suas próprias relações no trabalho, na família, na recreação etc.).

O tempo ganha sua dimensão abstrata, não visível, não palpável, mas inferida, concluída através de uma operação mental, no tempo sócio-histórico de que participamos e que é distinto do tempo geográfico em que existimos.

Essa dimensão abstrata do tempo é definida: pelas relações sociais humanas que constroem modos sociais de vida e de existência entre os homens. A duração desses modos sociais de vida define os tempos históricos, distintos dos tempos geográficos.

Compõem um modo social de vida tanto o mundo material criado pelo homem (habitações, vestuário, alimentação, transporte, utensílios, instrumentos de trabalho), ou seja, a cultura material, como a maneira como os homens organizam as relações entre si, para a produção e o uso dessa cultura material.

Pessoas ou grupos que vivem em diferentes tempos geográficos podem viver no mesmo tempo histórico. Por exemplo: a população brasileira do século XVII (1601 a 1700) e a do século XVIII (1701 a 1800) não viveram no mesmo tempo geográfico, mas viveram num mesmo tempo histórico — o de Brasil Colônia. Da mesma forma, pessoas ou grupos que vivem num mesmo tempo geográfico podem viver em tempos históricos diferentes. Por exemplo: um grupo indígena não-aculturado e os grupos brasileiros não-indígenas da atualidade vivem em tempos históricos diferentes, dentro do mesmo tempo geográfico (início do século XXI).

Esta primeira análise dos conceitos que compõem a estrutura conceitual básica não é exaustiva, mas já se apresenta suficiente para a tomada de decisão que nos ocupa, e que diz respeito à disposição desses conceitos no trabalho escolar com História e Geografia, nas séries iniciais do Ensino Fundamental.

Tanto o espaço quanto o tempo, nas dimensões concretas apontadas, abrangem aspectos naturais e culturais, estudados, respectivamente, pela Geografia e pela Antropologia.

Já em suas dimensões abstratas, tanto o espaço quanto o tempo remetem-nos às relações sociais que se manifestam:

- através de seus produtos concretos: a cultura material, estudada pela Antropologia e pela História;
- através de seus produtos abstratos: a cultura não-material, estudada pela Antropologia, pela Sociologia e pela História.

Considerando-se que:

— a construção mental do conhecimento parte das características concretas do objeto ou fenômeno a conhecer, para chegar às abstratas, e da reciprocidade das inter-relações das "partes" com o "todo";

— os conceitos básicos formam um todo reciprocamente inter-relacionado;

temos já a indicação de que, nas séries iniciais do Ensino Fundamental, o ensino de História e Geografia deverá se orientar por:

— trabalhar, em todas as séries, além dos conhecimentos específicos, os conceitos da estrutura conceitual básica, ainda que em diferentes níveis;[1]

— incidir sobre as dimensões de "natureza" e "cultura" (cultura material) assumidas pelo espaço e pelo tempo;

— organizar os conceitos específicos na seguinte sequência: natureza, cultura (material), espaço, tempo histórico.

Definido o ponto de partida conceitual e sua sequência, impõe-se tomar as decisões que levem à montagem de situações significativas de aprendizagem.

Tais situações exigem tanto a definição do conteúdo a ser trabalhado quanto a explicitação dos cuidados necessários ao trabalho com os conceitos — desenvolvidos através desse conteúdo —, a fim de que a ultrapassagem do ensino reprodutivo de História e Geografia (matérias decorativas) para o ensino produtivo (matérias instrumentais para a compreensão da realidade e atuação consequente, solidária e responsável) se realize com sucesso.

---

1. Os diferentes "níveis" de trabalho com conceitos em sala de aula serão explicitados no próximo capítulo.

Capítulo 3

Metodologia do ensino de História e Geografia no Ensino Fundamental

Sendo o professor um mediador entre as condições internas e externas de aprendizagem, neste capítulo procuramos situá-lo nas condições externas de aprendizagem, através de:

— considerações sobre os diferentes níveis de aprendizagem — exploratório, específico de série e de ampliação — decorrentes das diferentes condições externas existentes;

— apresentação de uma proposta programática detalhada em objetivos, conceitos, conteúdo;

— detalhamento de cuidados básicos a serem tomados na montagem de situações escolares de aprendizagem que levem em consideração as condições internas de aprendizagem, apontadas no final do capítulo anterior.

Séries / Nível	1ª série	2ª série	3ª série	4ª série	5ª série
Exploratório (vivências)	– Relações Sociais – Espaço – Tempo – Natureza – Cultura	– Relações Sociais – Tempo Geográfico: dias do mês (cronologia) – Tempo Histórico: hoje, ontem, amanhã, presente, passado, futuro	– Relações Sociais	– Relações Sociais	– Relações Sociais
Específico de série	– Observar paisagens – Nomear elementos componentes das paisagens – Representar o espaço escolar	– Espaço: • divisões: domínios e fronteiras – Representação Espacial – Representação Terrestre • globo • mapa-múndi – Natureza: • água e terra – Cultura: • na água e na terra	– Espaço Terrestre: • orientação: norte, sul, leste, oeste • divisão: continentes e oceanos • movimento de rotação da Terra – Tempo geográfico: • calendário, dia, hora – Tempo histórico: • transformações: natureza e cultura ontem e hoje – Representação temporal: • tempo de curta duração	– Espaço Terrestre: • movimento de translação • divisão política: país – Espaço Brasil • divisão política – Espaço Local • município – Tempo Histórico – pessoa, local, longa duração	– Tempo Histórico e Espaço Geográfico brasileiro ontem e hoje – Etnias formadoras do povo brasileiro, ontem e hoje
Ampliação	– Deslocamento Espacial Escolar – Relações Sociais Escolares – Vocabulário Oral	– Natureza – Cultura – Espaço – Vocabulário: oral e escrito	– Natureza – Cultura – Espaço – Vocabulário: oral e escrito	– Natureza – Cultura – Espaço – Tempo – Vocabulário: oral e escrito	– Natureza – Cultura – Espaço – Tempo – Vocabulário: oral e escrito

Condições de aprendizagem e níveis de ensino

Adotar as condições externas de aprendizagem, simultaneamente às condições internas, como critério norteador para a montagem de situações significativas de aprendizagem leva-nos a algo mais do que optar por esta ou aquela forma de trabalho escolar. Impõe considerar a existência de condições externas que *precedem* a vida escolar do educando; condições externas que *se desenvolvem paralelamente à vida escolar* do educando; condições externas que *só ganham existência na vida escolar* do educando.

Em vista disso, o trabalho escolar aqui proposto por série desenvolver-se-á em três níveis diferentes de realização:

Quadro nível de desenvolvimento, ampliação e exploratório

Nível exploratório de formação dos conceitos
- a) proporcionará experiências e/ou vivências em todas as séries, propiciando aos alunos condições de amadurecimento para a formação de conceitos específicos a serem trabalhados em séries subsequentes.

Nível do desenvolvimento de conceitos específicos da série
- b) explorará sempre, em todas as séries, as experiências que os alunos já têm ao chegar na escola, relativas aos conceitos específicos com que se vai trabalhar naquela série.
- c) privilegiará o trabalho com alguns conceitos em determinadas séries (conceitos específicos da série).

Nível de ampliação dos conceitos
- d) cuidará para que os conceitos já trabalhados especificamente em séries anteriores sejam continuamente retomados e ampliados nas séries seguintes.

Em quaisquer dos três níveis, esses conceitos deverão ser trabalhados a partir de fenômenos que possam ser experienciados pelas crianças. Só assim se tornarão de fato instrumentos de trabalho dos alunos das séries iniciais do Ensino Fundamental (única maneira de transformar o ensino reprodutivo em produtivo).

O ponto de partida, pois, serão os alunos concretos, ou seja, alunos que já têm uma experiência de vida, um conhecimento dela decorrente e que vivem e existem fora da escola (condições externas de aprendizagem).

Na escola, cuidaremos de partir, com esses alunos concretos, de conceitos concretos referentes a fenômenos concretos (condições externas de aprendizagem), já que consideramos as características do seu pensamento, anterior à fase do raciocínio formal e abstrato (condições internas de aprendizagem).

A distribuição dos conceitos pelas séries, de acordo com os três níveis de realização de trabalho propostos está disposta no quadro anteriormente apresentado (pág. 49).

Os conceitos de natureza, cultura, espaço, tempo formam a espinha dorsal da programação da 1ª à 4ª séries, constituindo-se em *conceitos específicos das séries*, nas suas dimensões concretas.

São tratados em *nível exploratório* os conceitos que, pelas características dos fenômenos a que se referem, exigem uma familiarização no plano de vivências e experiências. Essa familiarização antecede necessariamente um trabalho mais sistemático.

É o caso do conceito *tempo*. Entre os componentes da espinha dorsal do programa, é o de compreensão mais complexa na sua dimensão sócio-histórico-cultural, por tratar-se de uma "relação" entre fatos e não de um fato em si. Por essa razão é abordado em nível exploratório nas duas séries iniciais, e como conceito específico de área, nas três séries subsequentes, onde se procura alcançar alguma sistematização do mesmo.

Já o conceito de relações sociais permanece no *nível exploratório*, em trabalho bem mais prolongado, ao longo de todas as séries iniciais — seja através da vivência e organização do próprio grupo de alunos, seja através da familiarização com relações sociais de grupos humanos em diferentes épocas e locais, propiciada pelo trabalho específico com os conceitos de tempo e pelo trabalho de aprofundamento com o conceito de cultura. Isso porque a compreensão do conceito de relações sociais é ainda mais difícil, já que se refere a "relação entre relações", cuja apreensão num nível mais elaborado é bastante complexa, exigindo um preparo através da vivência e/ou da familiarização escolar.

No terceiro nível, o da ampliação de conhecimentos, os conceitos menos complexos da espinha dorsal (natureza, cultura, espaço) vão sendo retomados nas séries subsequentes àquelas em que são desenvolvidos especificamente, possibilitando, inclusive, a compreensão dos *conceitos específicos* das séries em que são retomados.

Mais do que uma simples disposição da estrutura da área através das séries, o que se propõe é uma nova metodologia de trabalho com História e Geografia.

Neste trabalho apresentamos uma seleção e sequência de conteúdos que julgamos mais adequada para o desenvolvimento dessa metodologia. É possível que o professor reconheça a viabilidade de trabalhar com as propostas temáticas anteriores das disciplinas História e Geografia (sequenciadas ou em círculos concêntricos), tendo apenas que modificar os procedimentos, de modo a ajustá-los às considerações feitas até aqui sobre o processo de ensino-aprendizagem (em geral e destas disciplinas). Entendemos, porém, que o pleno aproveitamento dessa nova proposta não passa necessariamente pelas propostas anteriores.

O grande perigo destas consiste na "factualidade", que esgota o processo de conhecimento na reprodução do "fato" focalizado (na sua memorização), dificultando a ultrapassagem do conhecimento de senso comum e a tradução do conhecimento em comportamentos esclarecidos.

Pretendemos aqui essa ultrapassagem, que deve se dar pela "apropriação do fato" — isto é, por um trabalho com o fato através de "instrumentos de conhecimento" que irão propiciar a sua compreensão, a partir da perspectiva das ciências com que lidamos.

Nessa perspectiva, os "fatos" ou "conteúdos" selecionados constituem a matéria-prima do trabalho de ensino-aprendizagem; os conceitos da estrutura conceitual básica são os instrumentos do trabalho a ser feito com estes fatos; a compreensão do fato numa perspectiva mais ampla do aluno, como agente social, é o resultado esperado.

Os conteúdos selecionados para esta nova proposta de trabalho com o ensino de História e Geografia nas primeiras séries do Ensino Fundamental deverão ser sequenciados de acordo com a proposta programática apresentada a seguir. Ela foi rigorosamente elaborada levando-se em consideração os três níveis de trabalho com os conceitos explicados anteriormente, e indica, na sequência proposta, a relação conteúdo/conceito.

Proposta programática: conteúdos e conceitos

1ª série

— identidade social do aluno no grupo social escola (conceito: relações sociais; nível exploratório)
- nome completo do aluno
- nome completo da professora
- nome da diretora
- prenome dos funcionários (caso haja) mais conhecidos da escola
- prenome dos colegas de classe
- nome da escola

— condutas pessoal/social provedoras de saúde, bem-estar e meio ambiente escolar sustentável (nível exploratório):
- higiene pessoal
- higiene ambiental
- cuidado alimentar

— identificação do espaço escolar (conceito: *espaço*; nível exploratório)
- localização da própria classe
- localização dos banheiros
- localização da diretoria

- localização da secretaria
- localização da escola
- lateralidade e representação espacial

— organização, com os alunos, das normas que *orientam* o uso do espaço coletivo no trabalho escolar e as relações dos alunos entre si e com a equipe escolar (conceito: relações sociais; nível exploratório)

— localização do aluno no tempo histórico/geográfico (conceito: *tempo*; nível exploratório)
- dia do aniversário
- data de nascimento
- data da aula
- dia de ontem
- dia de amanhã
- dia do aniversário da escola
- dia do aniversário do local onde se situa a escola (fazenda, vila, cidade)
- dia do aniversário do Brasil

— identificação das condições do tempo meteorológico (conceitos: tempo; nível exploratório)
- observação e registro diário do tempo meteorológico
- identificação de paisagens (conceitos: natureza e cultura; nível exploratório)
- observação do sítio urbano
- observações do sítio rural

— identificação vivencial de setores de produção (conceitos: cultura: nível exploratório)
- brincando: com agricultura, com produção artesanal, de profissões
- visitando: sítios, chácaras, fazendas, indústrias, comércio

2ª série

— identidade social do aluno no novo agrupamento (conceito: relações sociais: nível exploratório)

— condutas pessoal/social provedoras de saúde, bem-estar e meio ambiente escolar sustentável (conceito de relações sociais: nível exploratório).

— identificação das condições do tempo meteorológico (conceito de tempo geográfico: nível exploratório).

— organização, com os alunos, das normas que *orientam* o uso do espaço coletivo no trabalho escolar e as relações dos alunos entre si e com a equipe escolar (conceito: relações sociais: nível exploratório)

— desenvolvimento do conceito de *tempo* cronológico e histórico (nível exploratório)
  - data da aula: hoje, presente
  - data do dia anterior: ontem, passado
  - data do dia seguinte: amanhã, futuro
  - a natureza é sempre do mesmo jeito?
  - como era a natureza local nos seus primórdios?
  - você nasceu no presente, no passado, no futuro?
  - seus pais nasceram no presente, no passado, no futuro?
  - os dinossauros nasceram no presente, no passado, no futuro?
  - desenvolvimento dos conceitos de natureza e cultura (nível de retomada e ampliação)
  - vida cotidiana e cultura ruim

— desenvolvimento do conceito de *espaço* (específico da série)
  - divisões espaciais: domínios e fronteiras
  - representação espacial: construção e leitura
  - leitura de representações convencionais do espaço terrestre: globo e mapa-múndi

- o espaço terrestre e suas divisões: terras e águas
- natureza feita da terra: montanha, morro ou colina, planalto, planície

— desenvolvimento do conceito de *cultura* (específico da série): tudo o que existe e é criado, transformado ou cuidado pelo homem:
- habitação
- vestuário
- meios de transporte
- alimentação
- instrumentos de trabalho
- utensílios e brinquedos
- cultura feita na água ou de água: embarcações, piscicultura, tratamento da água
- cultura feita na terra ou de terra: agricultura, pecuária, sistemas viários etc.
- cultura no espaço aéreo: pipas, balões, aviões, foguetes espaciais.

3ª série

— identidade social do aluno no novo agrupamento (conceito: *relações sociais*; nível exploratório)

— condutas pessoal/social provedoras de saúde, bem-estar e meio ambiente sustentável (relações sociais: nível exploratório).

— identificação das condições do tempo meteorológico (conceito de tempo geográfico: nível exploratório) (idem série anterior).

— organização com os alunos das normas que *orientam* o uso do espaço coletivo no trabalho escolar (conceito: *relações sociais*; nível exploratório)

- desenvolvimento do conceito de *espaço* (específico da série)
  - orientação espacial: pontos cardeais
  - o espaço escolar segundo os pontos cardeais
  - o espaço em movimento
  - o movimento da rotação da Terra e suas consequências — o dia e a noite
  - representações convencionais do espaço terrestre: globo e mapa-múndi
  - o espaço terrestre e suas divisões:
    - águas: oceanos, mares, rios, lagos
    - terras: continentes e ilhas
    - divisão territorial: país, estado, município; zona rural e zona urbana
- desenvolvimento do conceito de *tempo cronológico* (específico de série)
  - duração do movimento de rotação.
  - duração do dia e da noite.
  - leitura das horas em relógio não digital.
- desenvolvimento do conceito de natureza (nível de retomada e ampliação)
  - a natureza de dia
  - a natureza de noite
  - condutas pessoais para uma natureza saudável
- desenvolvimento do conceito de cultura (nível de retomada e ampliação)
  - a cultura de dia
  - a cultura de noite
  - condutas pessoais para um meio ambiente saudável

4ª série

— identidade social do aluno no novo agrupamento (conceito: relações sociais, nível exploratório)
— condutas pessoal/social provedoras de saúde, bem-estar e meio ambiente escolar sustentável (relações sociais, nível exploratório).
— identificação das condições do tempo meteorológico (nível de retomada e ampliação).
— desenvolvimento do conceito de espaço (específico da série)
  • divisão política do Brasil: país, estado, município, zona rural e urbana
— desenvolvimento do conceito de tempo histórico pessoal e local (específico da série).
— desenvolvimento do conceito de representação espacial e temporal (específico da série).
— desenvolvimento do conceito de natureza (nível de retomada e ampliação)
  • a natureza nas diferentes estações do ano.
— desenvolvimento do conceito de cultura (nível de retomada e ampliação)
  • a cultura nas diferentes estações do ano.

5ª série

— identidade social do aluno no novo agrupamento (conceito: relações sociais; nível exploratório).
— condutas pessoal/social provedoras de saúde, bem-estar e meio ambiente sustentável (relações sociais: nível exploratório).
— tempo histórico e espaço geográfico (conceito de tempo e espaço: nível específico de série e aprofundamento)

- etnias formadoras do povo brasileiro nos seus primórdios e atualmente (nível específico da série e de aprofundamento):
  - cultura indígena,
  - cultura do europeu colonizador,
  - cultura dos escravos africanos e afrodescendentes,
  - cultura dos imigrantes presentes na localidade.
- representação espacial e temporal (nível específico da série e de ampliação)
  - história das etnias formadoras do povo brasileiro;
  - espaços ocupados pelas etnias.
- natureza do Brasil em seus primórdios e atualmente (nível específico da série e de ampliação).
- cultura do Brasil em seus primórdios e atualmente (nível de retomada e ampliação).

Objetivos e conteúdos por série

Nos quadros que se seguem à proposta ordenou-se a relação objetivo/conteúdo, para cada conceito, na sequência das séries.

Quadro 1 — Relações Sociais

	Objetivos
1ª série	— Construção da identidade social escolar do aluno — Vivência organizada das relações sociais escolares
2ª série	— Construção da identidade social escolar do aluno — Vivência organizada das relações sociais escolares
3ª série	— Construção da identidade social escolar do aluno — Vivência organizada das relações sociais escolares
4ª série	— Construção da identidade social escolar do aluno — Vivência organizada das relações sociais escolares
5ª série	— Construção da identidade social escolar do aluno — Vivência organizada das relações sociais escolares

Conteúdo
— Nome completo do aluno, professor, diretor, escola, prenome de funcionários — Normas de conduta para • ir ao banheiro • jogar lixo no cesto • pedir a palavra • respeito à equipe escolar e entre colegas • preservação do meio ambiente escolar
— Nome completo do aluno, professor, diretor, escola, prenome de funcionários — Normas de conduta para • ir ao banheiro • jogar lixo no cesto • pedir a palavra • respeito à equipe escolar e entre colegas • preservação do meio ambiente escolar
— Nome completo do aluno, professor, diretor, escola, prenome de funcionários — Normas de conduta para • ir ao banheiro • jogar lixo no cesto • pedir a palavra • respeito à equipe escolar e entre colegas • preservação do meio ambiente
— Nome completo do aluno, professor, diretor, escola, prenome de funcionários — Normas de conduta para • ir ao banheiro • jogar lixo no cesto • pedir a palavra • respeito à equipe escolar e entre colegas • preservação do meio ambiente
— Nome completo do aluno, professor, diretor, escola, prenome de funcionários — Normas de conduta para • ir ao banheiro • jogar lixo no cesto • pedir a palavra • respeito à equipe escolar e entre colegas • preservação do meio ambiente

Quadro 2 — Tempo

	Objetivos
1ª série	— Observar e registrar simbolicamente o tempo meteorológico
2ª série	— Iniciar a construção de "identidade temporal" — Situar-se no tempo cronológico imediato
3ª série	— Situar-se no tempo cronológico próximo — Apreender transformações ao longo do tempo próximo — Representar o tempo de curta duração — Ler horas: relógio não digital — Ler e utilizar o calendário
4ª série	— Construir representação do tempo histórico — Representar o tempo longo — Representar o tempo da História do Brasil
5ª série	— Deslocar-se no tempo da História do Brasil — Identificar permanências e mudanças ao longo do tempo

Conteúdo
— Condições meteorológicas de cada dia de aula
— dia do aniversário do aluno — dia do aniversário da localidade — dia do aniversário do Brasil — data da aula — data do dia anterior — data do dia posterior

— Datas:
  • aula/presente
  • dia anterior/passado
  • dia posterior/futuro
— a natureza local no passado e no presente
— a cultura local no passado e no presente
— dia: 24 horas
— semanas, meses, ano

— linha do tempo
  • da vida do aluno
  • de seus familiares
  • da localidade onde se situa a escola
  • de objetos culturais
  • três grandes períodos da História do Brasil

— antes e depois da chegada do português colonizador — datas significativas de nossa história — espaço brasileiro nos primórdios e hoje — povos componentes da população do Brasil nos primórdios e atualmente

Quadro 3 — Espaço

	Objetivos
1ª série	— Exploração e uso organizado do espaço escolar — Iniciação em construção de representação espacial — Identificar localizações
2ª série	— Identificar divisões espaciais — Identificar representações convencionais do espaço terrestre — Iniciar na leitura de representações terrestres
3ª série	— Conhecer, compreender e utilizar pontos convencionais de orientação — Relacionar movimento do espaço Terra com consequências naturais e hábitos culturais — Ler horas
4ª série	— Relacionar movimento do espaço Terra com consequências naturais e hábitos culturais — Avançar na leitura de representações da divisão do espaço terrestre
5ª série	— Utilizar mapa-múndi, globo e mapa do Brasil para localizar trajetórias históricas — Iniciar deslocamento no tempo histórico utilizando instrumentos conceituais da Estrutura Conceitual Básica

Conteúdo
— Localização no espaço escolar: • da classe • dos banheiros • do recreio • da diretoria • da secretaria — Representação da localização da classe — Endereços • de casa • da escola
— Domínios e fronteiras — Globo e mapa-múndi — Terras e águas — Continentes e oceanos
— Pontos cardeais — Globo e mapa-múndi — Movimento de rotação da Terra: dia/noite — Usos e costumes — Relógios
— Movimento de translação da Terra: as estações do ano — Características da natureza e da cultura nas quatro estações do ano — Globo e mapa-múndi — País — Estado — Município
— Localização de Portugal em 1500 — Pontos de chegada do colonizador no Brasil — Rota de viagens do colonizador — Rota do tráfico de escravos africanos — Rota de imigrantes — Brasil em seus primórdios e hoje — Estrutura conceitual básica — Etnias formadoras do povo brasileiro

Quadro 4 — Natureza

	Objetivos
1ª série	— Observar paisagens e nomear elementos componentes — Identificar e nomear elementos observados
2ª série	— Observar paisagens e classificar os elementos naturais componentes — Nomear e registrar conjunto de elementos das paisagens — Observar e comparar "naturezas"
3ª série	— Observar, descrever e registrar aspectos da natureza, de dia e de noite
4ª série	— Observar, descrever e registrar aspectos da natureza nas diferentes estações do ano
5ª série	— Comparar a natureza no tempo da chegada do colonizador e hoje

Conteúdo
— O entorno da escola — O sítio urbano — O sítio rural — As águas encontradas (lago, rio, mar, oceano) — As terras encontradas (montanha, morro ou colina, terra plana)

— Critério de classificação de elementos encontrados: "não feitos pelo homem"
— Conceito de natureza: "tudo o que não foi feito pelo homem"
— Natureza:
  • do sítio rural
  • do sítio urbano

— Aspectos naturais: do dia e da noite:
  • o firmamento
  • a temperatura
  • a vida animal

— Aspectos naturais nas diferentes estações do ano:
  • vegetação
  • temperatura
  • chuvas e sol
  • vida animal

— A natureza do Brasil na chegada do colonizador e hoje
— Questões do meio ambiente hoje:
  • desmatamento
  • poluição do ar e das águas
  • queimadas
  • guerras

Quadro 5 — Cultura

	Objetivos
1ª série	— Observar paisagens e nomear elementos componentes — Identificar e nomear elementos observados
2ª série	— Observar paisagens e classificar os elementos culturais componentes — Nomear e registrar o conjunto dos elementos das paisagens feitos pelo homem — Observar e comparar "culturas"
3ª série	— Observar, descrever e registrar elementos da cultura usados de dia e de noite — Observar, descrever e registrar modos de vida nas diferentes estações do ano
4ª série	— Observar, descrever e registrar a cultura nas diferentes estações do ano
5ª série	— Comparar a cultura do Brasil no tempo da chegada do colonizador e hoje

Conteúdo
— O entorno da escola — O sítio urbano — O sítio rural — Moradia — Transporte — Objetos — Instrumentos

— Critério de classificação: "feitos pelo homem"
— Conceitos de cultura: tudo o que resulta do trabalho do homem
— Cultura:
  • do sítio rural
  • do sítio urbano

— Vestuário — Transporte — Alimentação — Lazer — Vestuário — Alimentação — Lazer
— Vestuário — Transporte — Alimentação — Lazer

— Ferramentas
— Utensílios
— Moradias
— Adornos
— Vestuário
— Usos e costumes das etnias formadoras do povo brasileiro
— Questões do meio ambiente hoje:
  • desmatamento
  • poluição do ar e das águas
  • queimadas
  • guerras

PARTE III

Conteúdo e métodos na sala de aula das séries iniciais do Ensino Fundamental

Uma proposta de conteúdo e métodos para as séries iniciais do Ensino Fundamental

Neste item passaremos das considerações teóricas já feitas à sua concretização na prática cotidiana do fazer de sala de aula. Espera-se providenciar, através das alternativas de conduta apresentadas para cada série, a *vivência* dos cuidados imprescindíveis para o exercício da prática pedagógica com o sentido aqui proposto.

"O aluno concreto", que é um ser dotado de conhecimentos, quaisquer que eles sejam; *"o aluno como observador"*, agente, coletor de dados e informações que vai registrando organizadamente; *"o aluno que tem uma fala peculiar"*, devido à sua idade e ao seu meio sociocultural, são considerações sempre presentes, com a intenção de se preservar nas atividades propostas a precisão científica dos conceitos e sua construção pelo aluno através de um procedimento simples, acessível porém nunca simplista, organizado pelo professor.

A experiência, o saber do professor e sua criatividade se encarregarão de atê-lo aos cuidados propostos e de multiplicar as modalidades do trabalho.

Capítulo 4

■ A 1ª série ■

Ideias norteadoras

Retomemos aqui o quadro já proposto sobre os diferentes níveis em que cada conceito da *estrutura conceitual básica* será trabalhado em cada série, destacando-se a 1ª.

Constatamos que relações sociais, tempo e espaço, natureza e cultura são conceitos trabalhados em nível exploratório.

Ao iniciar o Ensino Fundamental o aluno passa a pertencer a um novo grupo social, que é a sua classe. Esta situação se repetirá em todo início de cada novo ano letivo.

Cada ser humano existe em relação a outros seres humanos, os quais toma como referência de suas ações, na construção de sua identidade social.

Considerar este fato na organização de experiências escolares é tarefa do ensino de História e Geografia, que se impõe na série inicial do Ensino Fundamental e se repete a cada novo início de série, responsável pela construção da "identidade social escolar" do aluno.

Nível \ Séries	1ª série	2ª série	3ª série	4ª série	5ª série
Exploratório (vivências)	– Relações Sociais – Espaço – Tempo – Natureza – Cultura	– Relações Sociais – Tempo Geográfico: dias do mês (cronologia) – Tempo Histórico: hoje, ontem, amanhã, presente, passado, futuro	– Relações Sociais	– Relações Sociais	– Relações Sociais
Específico de série	– Observar paisagens – Nomear elementos componentes das paisagens – Representar o espaço escolar	– Espaço: • divisões: domínios e fronteiras – Representação Espacial – Representação Terrestre • globo • mapa-múndi – Natureza: • água e terra – Cultura: • na água e na terra	– Espaço Terrestre: • orientação: norte, sul, leste, oeste • divisão: continentes e oceanos • movimento de rotação da Terra – Tempo geográfico: • calendário, dia, hora – Tempo histórico: • transformações: natureza e cultura ontem e hoje – Representação temporal: • tempo de curta duração	– Espaço Terrestre: • movimento de translação • divisão política: país – Espaço Brasil • divisão política – Espaço Local • município – Tempo Histórico • pessoa, local, longa duração	– Tempo Histórico e Espaço Geográfico brasileiro ontem e hoje – Etnias formadoras do povo brasileiro, ontem e hoje
Ampliação	– Deslocamento Espacial Escolar – Relações Sociais Escolares – Vocabulário Oral	– Natureza – Cultura – Espaço – Vocabulário: oral e escrito	– Natureza – Cultura – Espaço – Vocabulário: oral e escrito	– Natureza – Cultura – Espaço – Tempo – Vocabulário: oral e escrito	– Natureza – Cultura – Espaço – Tempo – Vocabulário: oral e escrito

Pretende-se atingir com as crianças na 1ª série os seguintes objetivos:
- vivência organizada das relações sociais escolares;
- introdução vivencial ao tempo cronológico;
- exploração e uso organizado do espaço escolar;
- introdução à observação de elementos da natureza e da cultura.

Dispor de maneira organizada e intencional as relações sociais entre alunos, no uso do espaço escolar para o trabalho de alfabetização nas diferentes áreas do conhecimento, além de estar formando nos alunos atitudes adequadas para uma convivência social organizada e saudável, possibilita a vivência de comportamentos correspondentes a essas atitudes já no ambiente escolar.

Em outras palavras, ao organizar explicitamente as relações sociais em nível das "vivências" dos alunos para a alfabetização e iniciação aos demais conhecimentos, o professor está proporcionando dois tipos de aprendizagem: o uso adequado de um espaço social público, que neste caso é a escola, e o aprendizado do conteúdo que está focalizando.

É peculiar da 1ª série que o aluno irá se iniciar no aprendizado do código escrito e de sua leitura, e que sua incursão nestes domínios do conhecimento permanece precária, por um certo tempo.

Isto significa então que o trabalho inicial com os alunos da 1ª série precisa ficar restrito ao ensino do código escrito e de sua leitura?

Na convivência de trabalho com professores das séries iniciais do Ensino Fundamental, encontro algumas ideias norteadoras de suas práticas, cuja consideração é importante neste momento para a boa execução desta nova proposta de ensino de História e Geografia que aqui se faz.

Uma delas diz respeito ao fato de entenderem os professores de 1ª e 2ª séries que sua tarefa é iniciar as crianças no domínio do código escrito, da numeração e das primeiras operações matemáticas, deixando a cargo dos professores das séries seguintes o trabalho de desenvolver com os alunos sua iniciação às Ciências Humanas.

Na verdade, essa fragmentação do conhecimento assumida no ensino é fruto muito mais de uma compreensão do conhecimento (conteúdo com que trabalham) também fragmentada, do que da característica de alunos ainda iletrados.

Para ter significado, o trabalho escolar precisa ser um todo integrado. Os professores precisam se dar conta, por exemplo, de que, ao organizarem com a classe o trabalho de alfabetização e iniciação às operações matemáticas, já estão vivenciando, "relações sociais", que podem ocorrer de forma facilitadora ou inibidora do processo de ensino aprendizagem. Portanto, dedicar um tempo à organização dessas relações com os alunos é um ensino necessário.

O 1º semestre: vivência e conteúdo

Relações sociais: a atuação do professor

Considerando que a 1ª série, no conjunto das cinco séries iniciais do Ensino Fundamental (EF1) acolhe crianças de 6 anos de idade, é essencial que o ensino aí praticado seja em nível de "vivências", tendo em vista as condições internas de aprendizagem dessa faixa etária.

Qual a diferença para o professor entre "se dar" e "não se dar conta" do ensino em nível de "vivências" para o exercício da sua profissão?

A principal diferença consiste em que "ao se dar conta" de que tais vivências constituem já um *conteúdo* (em "pre/para/ação" na cabeça dos sujeitos da educação), a *forma* como se dão tais vivências assume um outro significado.

Recorrer a uma situação concreta ajudará na compreensão desse fato.

A satisfação de necessidades biológicas dos alunos (tomar água, ir ao banheiro) durante a aula muitas vezes exige decisões do professor. Há que considerar, para tanto, *as condições internas* dos alunos reais e concretos que temos pela frente, tais como:

— alguns alunos mais novos têm controles menos desenvolvidos sobre as necessidades fisiológicas do que os de mais idade;

— alguns alunos, embora já com idade para tais controles, são portadores de problemas de incontinência urinária.

Fixemos apenas esses dois aspectos, a título de exemplo.

Quais serão as *condições externas escolares* que, enquanto profissionais, vamos construir para lidar com essa situação?

Várias são as respostas possíveis. Examinemos algumas delas:

1ª) o professor determina que os alunos poderão ir ao banheiro fazer as suas necessidades na hora do recreio; recomenda, por isso, que usem o banheiro e tomem água antes de entrarem na classe; avisa-os também de que somente o aluno X poderá ir "lá fora" à hora que quiser, porque ele tem um problema;

2ª) o professor avisa aos alunos que quando quiserem satisfazer suas necessidades, devem levantar o braço: "apontem dois dedos para ir lá fora e um dedo quando quiserem beber água"; o professor decidirá e ordenará "quem vai" e "quando";

3ª) o professor combina com os alunos que só poderá estar fora da classe um aluno de cada vez, para evitar que se encontrem e se distraiam, perdendo partes importantes do trabalho que está sendo feito; e que cada um só poderá sair uma vez, para que aprendam a ir controlando o próprio corpo; e que só o aluno X poderá sair sempre que precisar;

4ª) o professor conversa com as crianças sobre as necessidades fisiológicas humanas; procura conhecer, através da conversa, como fazem para satisfazer suas necessidades em casa; conversa sobre como será possível satisfazê-las na escola; combina a maneira de fazê-lo; fica atento para o cumprimento da norma combinada e também para os "desvios"; reflete sobre o porquê dos desvios; conversa com os alunos sobre o fato e recombina as normas, se for o caso.

Cada uma destas respostas constitui uma *condição externa* de aprendizagem que ganha sua existência na escola. Em outras palavras, constitui uma *condição de aprendizagem escolar*, que não se limita à resolução do problema das necessidades fisiológicas das crianças durante as aulas, mas que as inicia na aprendizagem das *relações sociais* na escola.

Vejamos o que cada uma delas revela.

Na primeira e na segunda decisão:

— o professor "centrou" a decisão nele mesmo;
— baseou-se, para tomar tal decisão, no conhecimento que tem sobre o hipotético controle fisiológico já possível de ser exercido por alunos daquela idade.

Com isso, estabeleceu com os alunos:

— *uma relação formal, hipotética,* na qual lida com alunos que devem "corresponder a um modelo teórico" (alunos que já têm os controles considerados). E os que não correspondem ao modelo? Não estabeleceu, portanto, uma relação com os seus alunos reais.
— *uma relação autoritária*, na medida em que tomou sozinho tal decisão; controla sozinho a sua execução; ignora as condições externas paralelas à vida escolar, em que tal situação é vivida;
— *uma relação paternalista*, na medida em que, enquanto "alguém que sabe", tomou a si a responsabilidade de decidir por "aqueles que nada sabem";
— *uma relação discriminatória*, na medida em que reforçou, colocou em destaque, para o aluno com problemas e para o seu grupo de colegas a sua questão.

Na terceira decisão:

— o professor ainda "centrou" a decisão nele mesmo;
— ainda baseou-se, para tomar tal decisão, no conhecimento que tem sobre o hipotético controle fisiológico de alunos da idade dos seus.

Porém, estabeleceu com os alunos:

— *uma relação menos formal e mais realista*, já que justificou para os alunos cada medida tomada, as quais se basearam no controle do processo de ensino-aprendizagem e no auxílio à construção do controle físico do aluno;

— *uma relação menos autoritária*, na medida em que explicitou os critérios que apoiam as decisões, de tal forma que os alunos sabem o porquê de "um só de cada vez" e de "uma vez só";

— *uma relação menos paternalista*, na medida em que, sabedores dos critérios, os alunos podem se manifestar a respeito deles;

— *uma relação ainda discriminatória*, na medida em que estabeleceu uma exceção para o aluno X e não explicitou o critério.

Na quarta decisão:

— o professor "descentrou" a decisão e combinou com os alunos as normas;

— baseou-se, para tomar tal decisão, no conhecimento que procurou obter através das crianças sobre as condições externas que se desenvolvem paralelamente à sua vida escolar, no que diz respeito à satisfação de necessidades fisiológicas.

Com isso, o professor estabeleceu com os alunos:

— *uma relação realista*, na medida em que procurou conhecer as condições externas paralelas à vida escolar;

— *uma relação não-autoritária*, na medida em que a decisão foi tomada em conjunto com seus alunos, podendo ser retomada ou modificada quando estes ou o professor identificarem algum problema que juntos considerarão;

— *uma relação democrática*, na medida em que tomou seus alunos como *sujeitos* da informação das *condições externas paralelas* que precisava conhecer para, a partir delas, definir as *condições externas escolares* adequadas aos alunos e às condições materiais de que ali dispõem.

— *uma relação não-discriminatória*, na medida em que o aluno ou alunos que apresentassem quaisquer particularidades poderiam ser ouvidos como qualquer outro, e que todos juntos combinariam os procedimentos, aprendendo a lidar e a conviver com as diferenças.

Portanto, ao organizar com seus alunos o trabalho escolar, o professor das séries iniciais estará trabalhando com conteúdos da História e da Geografia, ainda que no *nível exploratório de formação de conceitos* através das vivências encaminhadoras de comportamentos.

Dar-se conta deste fato permite encaminhar de maneira consciente e consistente o processo de ensino/aprendizagem para a formação de cidadãos democráticos e explicita que o conteúdo de História e Geografia é trabalhado desde o início da 1ª série.

A retomada do trabalho com o conceito de relações sociais ocorrerá até a 5ª série, permanecendo sempre em nível exploratório.[1]

O que variará de uma série para outra será a maneira de propor os exercícios, que poderão ser vivenciados, a cada série, num nível mais complexo e num tempo mais rápido que o despendido na 1ª série. Nas séries posteriores pode-se contar com o aprendizado anterior, que deverá sempre ser verificado para que se garanta uma atuação mais precisa, assentada em um ponto de partida real da classe.

É possível, por exemplo, que nas séries subsequentes à 1ª, o agrupamento classe já não seja tão novo para os alunos que seguem caminhando juntos. Mas é preciso pensar nos alunos novos na escola, ou remanejados de classe, para quem o agrupamento é novo e que, ao mesmo tempo, com suas presenças, tornam também novo o "agrupamento classe" como um todo.

Esta é uma das razões que justificam a necessidade de retomada do trabalho com o conceito de relações sociais ao longo das quatro séries.

Uma outra razão seria permitir ao professor se certificar a respeito do grau de aprendizagem já desenvolvido anteriormente pelos alunos — tanto em relação à identidade social de cada um, quanto à caracterização do grupo classe (de que falaremos no próximo item), e à finalidade específica do mesmo, além de suas peculiaridades.

---

1. Ver a respeito, p. 53.

As defasagens de aprendizagem entre os alunos frequentemente são atribuídas à escolaridade anterior. Esse diagnóstico é importante *se, e somente se*, utilizado para refazer o que for necessário, fazer o que ainda não foi feito e prosseguir com segurança na programação proposta.

Especialmente no caso do ensino da História, é imprescindível que o professor considere o aluno enquanto sujeito histórico, produto de uma história social e de vida, da qual o professor de cada série passa a participar, com o objetivo de torná-lo um produtor consciente da História que todos ajudamos a construir.

Daí a importância da retomada dos conceitos ao longo do curso, a partir do que se constatou na verificação inicial. Esta deverá consistir em jogos e exercícios vivenciados, e nunca numa verificação formal.

O trabalho com o conceito de Relações Sociais no *nível exploratório*, durante a 1ª série, provavelmente ocupará os dois bimestres iniciais do ano letivo. São trabalhos importantes para a aprendizagem de História e Geografia, ao mesmo tempo que desenvolvem a oralidade, a observação das normas orientada por critérios, o registro gráfico de observações feitas, a vivência organizada de situações coletivas.

O atento acompanhamento pelo professor da vivência das relações sociais escolares deverá ocorrer ao longo de todo o ano letivo, e de todo o curso.

A vivência organizada destas dimensões da vida social é condição necessária na escola para o bom desenvolvimento e rendimento do trabalho escolar.

Seu alcance não se detém aí. Na vida social o exercício pleno e consciente da cidadania passa pelo arranjo e ordenação das relações sociais em formas condizentes com as necessidades sociais a serem satisfeitas. Esta é a razão maior que exige o trabalho cuidadoso e consciente com tais relações.

Sugestões mais detalhadas de distribuição da programação no tempo, no decorrer do ano letivo, serão feitas no decorrer de cada série.

Relações sociais: a construção da identidade social/escolar do aluno

Já lidamos com o conteúdo "relações sociais" em nível de vivências e experiências escolares. Detenhamo-nos ainda um pouco neste assunto, destacando o grupo social "classe". É constituído por um grupo de pessoas inter-relacionadas, com algumas características comuns e com outras características diferentes.

Da perspectiva do aluno ela é formada por ele, seus colegas e o professor.

Situar o aluno neste grupo é um trabalho a ser feito com a orientação do professor e requer:

— a explicitação da identidade de cada aluno e do professor dentro do grupo;

— a caracterização do próprio grupo, naquilo que ele tem de comum quanto a seus componentes e de específico quanto a sua finalidade.

Encaminhar uma observação dos alunos sobre o próprio grupo classe (é grande? é pequeno? quantos somos? há mais homens ou mais mulheres? quem tem 6 anos? quem tem 7 anos? quem é o mais novo? quem é o mais velho? o que temos de igual entre nós?) é algo que pode ser feito através de uma conversa gostosa, com recurso a pequenos jogos, e que propiciará ao professor:

— conhecer a visão inicial que os alunos têm de seu grupo classe;

— ir criando pequenas situações que levem sempre os alunos a explicitar melhor o que disseram.

Alguns alunos afirmam, por exemplo, que o grupo classe é muito grande; outros, que o grupo classe é muito pequeno; outros, ainda, afirmam que "não sabem".

O professor poderá lidar de várias maneiras com estas respostas. Para os que afirmam que o grupo classe é grande, o professor pode perguntar se as pessoas que moram em sua casa formam um grupo maior ou menor, e pedir que desenhem na lousa uma bola grande e outra menor, indicando qual delas "faz de conta" que é a classe e qual "faz de conta" que são as pessoas com quem mora.

É preciso estar atento para a *coerência* das respostas. Se um aluno diz que o grupo classe é maior do que o grupo de pessoas que mora na sua casa, ele deverá indicar a bola grande para a classe e a pequena para as "pessoas de casa". Caso a resposta seja diferente, deve-se retomar a afirmação inicial, o desenho e construir em conjunto a relação:

"a classe é grande"

"o grupo de pessoas de casa não é tão grande"

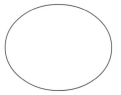

Então, que bola "faz de conta" que é a classe? E que bola "faz de conta" que são as pessoas de casa?

Para os que afirmam que a classe é pequena, o professor pode perguntar onde as crianças já viram uma "porção de gente junta" maior do que a classe: numa festa? numa feira? numa igreja? O mesmo tipo de "brincadeira-exercício" com o desenho das bolas indicado anteriormente pode ser feito neste caso.

Brincadeiras-exercício utilizando o corpo da criança também são muito interessantes. É bastante produtivo, por exemplo, fazer uma roda de crianças para representar o "grupo-festa", tomando-se os cuidados já indicados e permanecendo sempre atento para a *coerência* das respostas.

A engenhosidade e criatividade do professor se encarregarão de multiplicar e variar as formas que os exercícios poderão ir assumindo à medida que as observações de caracterização do grupo classe caminhem.

Quando o professor se deparar com a resposta em que os alunos afirmam que "não sabem" — por exemplo, se a classe é grande ou pequena —, é importante que ele próprio faça uma primeira observação, recorrendo a jogos e brincadeiras como estratégia de envolvimento dos alunos. Estes, no início do ano, se mostram acanhados e encabulados, diante do professor e dos colegas, até mesmo pela novidade da situação de estar num grupo novo e estranho para ele.

Convidar alguns alunos que pareçam ao professor mais disponíveis para o exercício, para resolverem no "par ou ímpar" quem fala primeiro, ou mesmo fazer um convite em aberto para resolverem no "dois ou um", são recursos de "quebra-gelo" que podem funcionar. Também aqui a inventividade do professor e o conhecimento das brincadeiras locais multiplicarão as possibilidades de envolver a classe para a proposta.

Se ainda assim nada conseguir, é interessante que o professor assuma a questão, mas numa atitude provocadora, desafiadora da classe — e somente em último caso, quando de fato não conseguir que os alunos tomem a iniciativa.

Tal atitude poderá, por exemplo, assumir a forma de:

— "Pois eu sei de uma coisa da nossa classe. E quando eu disser, vocês vão descobrir outras. Vamos ver quem é que vai descobrir?"

Em seguida, o professor poderá apontar alguma característica mais evidente como: "temos um grupo de meninos e um de meninas. Vamos juntar cada um destes dois grupos aqui na frente? Venham aqui todos os meninos e fiquem bem juntinhos uns dos outros. Vamos ver quantas meninas de mãos dadas precisamos para cercar este grupo".

Dando continuidade, ele poderá inverter o procedimento: juntar as meninas e ver quantos meninos são necessários para cercar o grupo. De posse desses dados, várias perguntas tornam-se possíveis:

— Qual grupo é o maior: o de meninos ou o de meninas?

— Como sabemos que este é maior do que aquele? Vamos colocar o grupo de meninas e o grupo de meninos dentro da roda? (desenhar no chão três "rodas", duas das quais correspondam ao tamanho dos grupos).

— Onde vamos pôr os meninos?
— E as meninas?

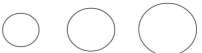

Estas perguntas poderão ser dirigidas à classe de modo geral ou a um ou outro aluno determinado, e o professor deverá aguardar a resposta. É muito comum os professores sucumbirem à tentação de eles mesmos responderem às questões que colocam. Assim agindo, perpetuam o ensino reprodutivo e desvalorizam o ensino produtivo que deverá se dar ao longo deste exercício, provocado pela pergunta e realizado através da resposta do aluno, como um "produto" de sua observação e do seu pensamento, naquele momento.

Convém esclarecer que, quando afirmamos que a resposta é um "produto" da observação e do pensamento do aluno, não supomos que ela será necessariamente correta. Encaminhar esse produto até o ponto de correção almejado é tarefa que o professor deve desempenhar por meio da habilidade de fazer perguntas problematizadoras. Cabe a ele estar sempre atento à coerência das respostas obtidas no exercício de observação e neste.

Vemos assim que é possível recorrer a meios bastante variados para estudar com a classe as suas características, mantendo e aprimorando este procedimento de fazer perguntas aos alunos, aguardar as respostas (ou consegui-las, ou provocá-las) e trabalhar com estas até se alcançar o conhecimento desejado.

Ao final de um certo tempo de trabalho, é provável que os alunos cheguem a ter claro algumas características relativas à composição sexual do grupo, composição etária do grupo, tamanho do grupo etc., conhecendo também o nome de seus componentes (alunos e professor, extrapolando depois para pessoas-chave dentro da instituição, tais como o diretor e funcionários).

Neste momento a pergunta que encaminha à especificidade da finalidade do grupo classe torna-se necessária e adequada:

"Por que estamos reunidos nesta série?"

É importante recolher das crianças as ideias que têm, quaisquer que elas sejam, e trabalhar com elas a partir da problematização das respostas obtidas. É possível, por exemplo, que algum aluno responda:

"Para aprender."

Várias alternativas de problematização podem conduzir a respostas com o nível de precisão almejado e definido pelo professor:

— Para aprender o quê?

— Os alunos da série X (outra que não esta) também não estão lá para aprender? Por que eles estão naquela série e nós nesta? O que existe de igual nestas séries? E o que existe de diferente?

O trabalho de caracterização do grupo classe encaminhou, já, a identidade de cada um dentro do grupo, garantindo a cada componente a sua *identidade social,* a qual é importante construir e preservar. Daí decorre a necessidade de as crianças e o professor aprenderem a se chamar pelos nomes (ou apelidos carinhosos, quando for o caso), e não por designativos tais como "aquele ali", "aquela lá", "a dona", "o homem".

O aprendizado dos nomes também deve ser feito através de jogos, fixando-se um pequeno número a ser dominado por dia (quatro ou cinco) até que suavemente *todos* aprendam o nome de *todos.*

Para lidar com esse aprendizado, pode-se recorrer a vários meios: combinar de decorar num dia os nomes começados com *a*; num outro, nomes de quatro meninos; depois, nomes dos coleguinhas que se sentam à direita, à esquerda, à frente, atrás.

Quando a classe tiver dominado os nomes de todos, o professor poderá até combinar que cada dia um aluno se encarregue da chamada. Enquanto não souberem ler, isto poderá ser feito fileira por fileira, o aluno olhando para cada colega e chamando-o pelo nome.

Tempo

É ainda nesta linha de trabalho de construção e/ou preservação da identidade que o professor introduzirá, em *nível exploratório,* o conceito de tempo, que permanecerá também neste nível ainda na 2ª série. Já na 3ª, 4ª e 5ª séries passará a ser de *nível específico da série.*

Diária e sistematicamente, o professor coloca a data na lousa e combina com os alunos, que registrarão no caderno, também diariamente, a data de cada aula (quando não souberem ler, poderão combinar um desenho para cada dia da semana e um para o mês) para "guardarem" em ordem a história da vida escolar.

Quais serão as condições externas escolares que vamos construir para lidar de maneira "produtiva", com o conceito de tempo?

Novamente, várias opções se apresentam, e seu exame é bastante revelador. Consideremos algumas delas:

1ª) o professor, de posse da informação colhida em documentos dos alunos, diz a cada um a sua idade, avisando-os de que devem guardar esse dado na memória, porque irá perguntar depois;

2ª) o professor pergunta a cada aluno sua idade e registra a informação; depara com alguns alunos que desconhecem sua idade e manda que perguntem em casa para lhe dizer; avisa a todos que devem guardar esse dado na memória, porque irá perguntar depois;

3ª) o professor pergunta a cada aluno quantos anos tem e registra a informação; confere com a informação colhida em documentos de cada aluno; informa os que erraram a respeito de sua idade oficial (registrada no documento) e dá o mesmo aviso anterior: devem memorizar porque irá perguntar depois;

4ª) o professor conversa com as crianças colhendo as idades de cada uma e as registra; confere com os documentos; dá a informação correta aos alunos que estiverem enganados; conversa com a classe sobre a importância da contagem e registro do tempo, no que serão introduzidos através do tema aniversário:

— o que é o dia do aniversário;

— todas as coisas, pessoas, animais, lugares têm o seu dia de aniversário;

— este dia é importante porque marca o começo da existência de tal coisa, pessoa, animal, lugar; é quando começa a história desta coisa, pessoa, animal ou lugar;

- por isso costuma-se comemorar de alguma maneira esse dia;
- o jeito de comemorar varia quando se trata do aniversário de uma pessoa, da escola ou da cidade, por exemplo;
- em casa fazem alguma coisa especial no dia do aniversário? — gostariam de comemorar na escola o seu aniversário?
- como poderão comemorar na escola o aniversário dos alunos; o aniversário da escola; o aniversário da localidade onde se situa a escola? É preciso cuidar para que cada uma dessas situações seja prazerosa, alegre, propiciadora de aprendizagens significativas, e nunca desvio das atividades escolares.

Analisemos agora cada uma dessas opções apresentadas para o trabalho com o tempo:

Na primeira opção:

- o professor "centrou" a opção nele mesmo;
- tomou decisões baseado num conhecimento adquirido sobre a idade dos alunos.

Com isso, estabeleceu com eles:

- *uma relação formal*, na medida em que o exercício proposto se justifica por si mesmo: "é preciso memorizar porque o professor vai perguntar"; (nem sequer verifica se os alunos sabem a sua idade);
- *uma relação autoritária*, na medida em que tomou sozinho tal decisão e ignorou as condições externas paralelas à vida escolar, em que tal situação é vivida pelo aluno;
- *uma relação paternalista*, pois na condição de "alguém que sabe" a idade das crianças e a importância deste saber, tomou a si a responsabilidade de decidir por "aqueles que não sabem".

Na segunda e terceira opções:

- o professor ainda "centrou" a decisão nele mesmo;
- ainda tomou tal decisão baseado no conhecimento que tinha sobre a idade dos alunos.

Manteve:

— uma relação autoritária e uma relação paternalista, pelas razões já apontadas.

Mas estabeleceu com os alunos:

— *uma relação menos formal e um pouco mais realista*, já que admitiu a existência dos alunos na classe indagando sua idade; pôde aferir, assim, o conhecimento (ou desconhecimento) deles sobre o assunto. Porém, só aceitou formalmente as informações obtidas, sem verificá-las em documentos (na segunda opção), ignorando, entre outras coisas, a possibilidade de a criança fantasiar ou mesmo de inventar (por exemplo, por vergonha de dizer "não sei"). E na terceira opção, ainda quando conferiu as informações com documentos, foi mantido "o exercício pelo exercício: — "guardem porque irei perguntar".

Na quarta opção:

— o professor "descentrou" a decisão e combinou com os alunos a atividade escolar;

— para tomar tal decisão, baseou-se no conhecimento que procurou obter através das crianças sobre as condições externas que se desenvolvem paralelamente à sua vida escolar, relacionadas ao assunto tratado.

Com isso, o professor estabeleceu com os alunos:

— *uma relação realista*, na medida em que procurou conhecer as condições externas *paralelas* à vida escolar;

— *uma relação não-autoritária*, na medida em que a decisão foi tomada em conjunto com seus alunos, podendo ser retomada ou modificada quando estes ou o professor identificarem algum problema que juntos considerarão;

— *uma relação democrática*, na medida em que tomou seus alunos como sujeitos da informação das *condições externas paralelas* que precisava conhecer para, partindo delas, construir as *condições externas escolares* adequadas aos alunos e às condições materiais de que ali dispõem.

"Marcar" ou "destacar" as datas significativas aqui consideradas pode ser desenvolvido ao longo de todo o ano através de atividades organizadas da seguinte forma:

— último dia de cada mês: comemoração dos aniversários do mês, com a participação dos alunos da classe na organização da festa;

— organização de comemoração do aniversário da escola, ou da cidade, ou local onde se situa a escola, nas datas correspondentes, e sempre com a participação possível dos alunos na organização e vivência do evento.

Espaço

O conceito de espaço, na 1ª série, também é trabalhado no *nível exploratório*.

A primeira meta, aqui, consiste em identificar algumas referências do espaço escolar, a fim de que o aluno possa se encaminhar para algo mais do que a mera circulação utilitária.

Perguntas orientadoras de uma observação atenta constituem importante recurso:

— Onde fica nossa classe?

— Quais são as classes que estão ao lado dela?

— Nossa classe é longe ou perto da diretoria?

— E dos banheiros?

— É mais perto dos banheiros ou da diretoria?

— É mais longe dos banheiros ou da diretoria?

Breves saídas em conjunto da classe, para que os alunos possam fazer as observações propostas, uma a cada dia, são exercícios necessários. No retorno, é preciso retomar a pergunta orientadora — "Então, onde fica nossa classe?" — e trabalhar a resposta obtida: "Nossa classe fica entre a classe da 1ª série da professora X e a 1ª série da professora Y".

— Vamos desenhá-la na lousa?

— Vamos pintar a nossa classe no desenho?

É importante que o desenho se aproxime bastante da localização observada.

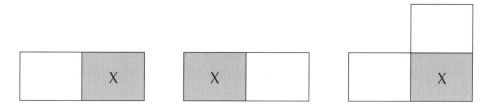

Estas são algumas das possibilidades.

Naturalmente o professor poderá dar todas essas informações *para* os alunos, sem sair com eles da sala de aula. Ao contrário, poderá seguir os passos propostos:

— perguntas iniciais;

— saídas para observação e/ou verificação;

— retorno, retomada das questões iniciais, elaboração das respostas;

— desenho das respostas.

Neste caso, o professor estará introduzindo seu aluno no ensino produtivo de História e Geografia, que vai construindo *com ele*, diferentemente do ensino reprodutivo, que o professor *faz para ele*.

No ensino produtivo aqui preconizado, o aluno, orientado pelo professor:
- faz uma observação indagativa da realidade focalizada;
- elabora suas observações por meio da linguagem oral (e escrita, quando for o caso);
- registra as observações através de uma representação (o desenho).

Na ocasião da visita aos banheiros, é importante que se converse em classe sobre eles:
- Como são?
- Quem tem em casa banheiros parecidos com estes?
- Quem tem em casa banheiros diferentes destes?
- Os banheiros da escola estão limpos ou sujos?
- Como devemos mantê-los?
- O que é preciso fazer para que fiquem assim?

Considerações sobre a importância do hábito saudável de lavar as mãos quando se usa o banheiro e sobre a higiene pessoal e pública são oportunas no momento.

Convém observar que essas conversas não sejam tecidas por "mera formalidade", mas que se traduzam nas ações necessárias e possíveis de serem executadas na escola.

Os alunos sabem levar muito a sério propostas feitas com seriedade pelos professores e por eles mesmos. Sabem também "fazer de conta" melhor do que os professores. É preciso cultivar o empenho e a seriedade de que são capazes.

O 2º semestre: os conceitos de Natureza e Cultura

No 2º semestre da 1ª série, inicia-se o trabalho com os *conceitos de natureza* e *cultura*, também em nível exploratório e vivencial.

No ensino produtivo de História e Geografia, os passos já propostos para as atividades anteriores se mantêm.

Retomando o procedimento já preconizado temos:

— perguntas iniciais;

— observações orientadas;

— registro das respostas alcançadas;

— brincadeiras-exercício.

Desencadeiam o trabalho com os conceitos de natureza e cultura perguntas como:

— O que existe aqui na nossa classe que foi feito pelo homem?

— O que existe aqui na nossa classe que não foi feito pelo homem?

Em relação à primeira pergunta, muitas vezes as crianças se contentam com algumas poucas respostas. É preciso incentivá-las a fazer um levantamento bastante amplo (carteira, mesa, lousa, parede, janela, porta etc.).

A segunda é a questão mais provocante, e pode obter como resposta "nada". O professor deve manter o desafio: "Existe sim. Há pelo menos duas coisas aqui dentro que não foram feitas pelo homem. Quero ver quem é capaz de descobrir".

É necessário que o professor aguarde a resposta; receba todas as que vierem com seriedade; analise-as em conjunto com a classe.

Se a resposta não vier, é necessário alterar a provocação:

"Vou dar uma ajuda. Se não existisse aqui dentro uma coisa, nós todos morreríamos. O que é esta coisa?".

A teatralização da resposta também é um recurso interessante:

"Vou fazer um gesto; vocês vão me imitar e vão descobrir o que é esta coisa que, se faltar, morremos" (tampar o nariz até quando aguentar).

Ou: "Se não existisse aqui dentro uma outra coisa não poderíamos ter aula. O que é esta coisa?".

E teatralizando: "Vou fazer um gesto; vocês vão me imitar e vão descobrir o que é esta coisa que, se faltar, não podemos ter aula" (fechar os olhos e tampá-los com as mãos).

Se a resposta for correta — "o ar que respiramos"; "a claridade que entra pela janela" —, é importante não se deter na confirmação "correto", mas explorar junto ao aluno o raciocínio que fez para chegar a ela. O professor poderá indagar: "O que o homem fez para termos o ar?" "O que o homem fez para termos a claridade do dia?".

A resposta "nada" confirmará as respostas anteriores como "produto" do pensamento do aluno.

Agora imaginemos que sobre a mesa do professor haja um jarro com água e uma flor. O professor pergunta à classe:

"Sobre a minha mesa existe alguma coisa que é natureza?".

"A flor" — responde um aluno.

Somente a explicação dada pelo aluno à indagação seguinte do professor — "O que o homem fez para termos a flor?" — esclarecerá a correção ou não de seu raciocínio.

Se a explicação for "o homem plantou", o professor encaminhará a correção do raciocínio, a ser feita pelo próprio aluno, problematizando: "Se o homem plantou, então foi preciso o trabalho do homem para esta flor existir. Existe alguma flor que nasce sem o trabalho do homem? Quem já viu? Onde?".

O professor deve receber todas as respostas que vierem argumentando, sempre que necessário. Compreendida a classificação, o professor informa que se chama:

— natureza, tudo aquilo que existe e não é feito, nem cuidado, nem transformado pelo homem;

— cultura, tudo aquilo que existe e é feito, cuidado ou transformado pelo homem.

A respeito da flor do jarro, será necessário colher algumas informações sobre sua história para decidir se ela resulta ou não do trabalho humano: "Foi apanhada do jardim plantado da casa de alguém? Foi colhida no campo que existe no caminho da escola, onde nasceu sozinha?".

O mesmo se dá com a água do jarro: "Foi colhida da torneira? Do poço? Ou diretamente de uma mina ou fonte?".

Nesta altura, é possível que as crianças comecem a fazer inúmeras perguntas: "E o meu gatinho é Natureza ou Cultura? E o milho da roça do fundo do quintal?".

Esta situação às vezes assusta o professor, até pelo simples fato de se deparar com questões que não chegou a fazer a si próprio. Este é, seguramente, um bom sinal de que o ensino produtivo está ocorrendo. O aluno faz o professor pensar, da mesma maneira que o professor o faz pensar. Está, na realidade, colhendo os frutos do seu trabalho.

O caminho a seguir consiste em continuar problematizando as questões trazidas, em busca da compreensão necessária à classificação correta. Indagações como as que se seguem encaminharão o raciocínio necessário:

— Qual a diferença entre um animalzinho sem dono e o seu?

— O que ele come?

— O que acontece quando fica doente? E quando fica muito sujo?

— E quando chove muito, muito?

— Como surgiu a roça de milho do fundo do seu quintal?

— Pode surgir um milharal de um outro jeito?

Aqui, novamente, as respostas obtidas para estas questões e sua problematização levarão à classificação correta das observações realizadas em: coisa feita pelo homem; coisa não feita pelo homem.

É importante variar os exercícios de observação, até os alunos ficarem seguros na classificação do que observam. Pode-se propor, como variação, exercícios de observação pela janela da sala de aula, no pátio da escola, no caminho de casa à escola, em casa, em visita a um zoológico, a um sítio (se a escola se situar em zona urbana e vice-versa) em exibição de vídeos etc.

As formas de registro das classificações feitas também devem variar: além de escrever (quando isto já for possível) em duas colunas as coisas observadas, é possível desenhar em duas páginas, fazer colagens de figuras trazidas pelo professor ou pelos alunos (conforme as possibilidades locais).

Este trabalho de introdução vivencial aos conceitos de natureza e cultura, em nível exploratório poderá ser desenvolvido em um bimestre.

Brincar de fazer coisas "feitas pelo homem" é outro tipo de atividade didática importante para introduzir vivencialmente as crianças no conceito de cultura, em nível exploratório.

Para isso, o professor institui a "hora da brincadeira". Alguns exemplos dessas brincadeiras são:

— brincando de agricultura em que as crianças participam de atividade de plantação e cuidados de acompanhamento da planta ou cuidam de algum animal da escola, ou mesmo, de animais de brinquedo (tartaruga, cachorro, pássaro) com a orientação do professor.

— brincando de comércio em que as crianças montam feirinhas ou lojinhas (de sorvete, de comidas, de vestuário), e em que algumas assumem o papel de vendedores e outras de compradoras, com orientação do professor;

— brincando com produção artesanal, como fazer um pão na escola ou pãezinhos, ou uma salada, ou um doce simples tipo gelatina, ou um suco de fruta natural, em que cada um traz um pouquinho dos ingredientes necessários para a receita e participa de sua execução, sempre sob a orientação e cuidados do professor; e de posterior degustação na hora do lanche.

Visitas a locais como indústrias de produtos alimentícios saudáveis e que compõem o universo alimentar da criança (chocolate, sorvete, pães etc.); a sítios ou chácaras; a estabelecimentos comerciais, são alternativas para observações orientadas, a serem realizadas dentro das possibilidades locais, desde que com autorização assinada pelos pais e acompanhadas dos devidos cuidados com segurança e civilidade.

A incorporação de palavras ao vocabulário oral das crianças referentes aos elementos componentes do sítio urbano e do sítio rural observados no bimestre anterior poderá ser reforçada em um novo bimestre. A literatura infantil constitui-se em importante recurso para isso. O professor pode providenciar a "hora de ouvir histórias" e escolher textos infantis em que o nome dos elementos observados estejam presentes e possam ser explorados nos comentários a serem feitos com as crianças sobre a história lida por ele. Por exemplo: suponhamos que a história seja sobre o tatu e focalize a sua "moradia", que é uma toca. O professor poderá, por exemplo, tecer com as crianças as seguintes considerações:

— Onde mora o tatu?

— E nós, onde moramos?

— A luz do sol entra na toca do tatu?

— E na nossa casa?

— A casa do tatu fica perto ou longe do rio? etc.

Nessa exploração da história com as crianças o professor vai destacando o nome de: elementos feitos pelo homem já observados por elas nas paisagens anteriormente focalizadas (casa); elementos da natureza também já observados por elas nas atividades anteriores (sol, rio); ao mesmo tempo em que ampliando o conhecimento de elementos da natureza e o vocabulário oral das crianças com as considerações sobre a moradia do tatu (toca).

É interessante ao final da 1ª série que as palavras (lago, rio, mar, oceano) referentes às "águas encontradas", bem como as referentes às "terras observadas" (montanha, morro ou colina, terra plana) nos locais observados pelas crianças (ou em fotografias e ou figuras) comecem a fazer parte de seu vocabulário.

Considerando as condições internas de aprendizagem das crianças de 6 anos de idade as atividades propostas nessa série encaminham os alunos às seguintes aprendizagens:

— observar (que é diferente de ver simplesmente). Observar é buscar por meio da visão, focalizar determinados aspectos naquilo que se vê ("as águas encontradas" e "as terras encontradas"), ("o que é feito pelo homem" e "o que não é feito pelo homem").

— classificar: que é "reunir, juntar elementos" diferentes em um só grupo, a partir de uma característica comum, que é o critério de reunião que estamos considerando (as águas vistas e as terras vistas) nas observações externas à escola.

— proporcionar a aquisição de vocabulário, ao nomear elementos observados. Aqui é preciso o cuidado de nomear somente aqueles encontrados nos locais visitados e/ou em vídeos, ou fotos, ou figuras a que foram expostos os alunos; ou seja, nomear o que foi *observado pelos alunos*.

— desenvolver a linguagem oral, nas conversas e diálogos sobre as observações efetuadas, entre colegas e com o professor.

— vivenciar as relações sociais de ensino-aprendizagem em situações organizadas de comunicação oral (aprender a ouvir, a pedir a palavra, aguardar a vez de falar). Tal organização deve ser fruto de normas construídas junto com as crianças e que deixem claro o significado destas (todas poderem falar e poderem ser ouvidas) e sua execução prática (levantar a mão e aguardar ser chamado; ou o professor anota os nomes de quem levantou a mão e vai chamando em sequência).

Vocabulário: oral, com palavras referentes às vivências com Natureza e Cultura, cuja dicção e uso correto devem ser cuidados pelo professor.

Capítulo 5

▪ A 2ª série ▪

Ideias norteadoras

O trabalho com o conceito de relações sociais em nível exploratório já foi abordado, destinando-se ao início de cada ano letivo, até a 5ª série.

Na 2ª série, inicia-se o trabalho com os conceitos *específicos da série*, a saber, *espaço, natureza e cultura*.

No ensino produtivo de História e Geografia, os passos já propostos para as atividades se mantêm. O que vai mudar é o *nível de sistematização* do conhecimento trabalhado.

Retomando o procedimento já preconizado, temos:

— perguntas iniciais;

— observações orientadas;

— registro das respostas alcançadas;

— brincadeiras-exercício.

Séries / Nível	1ª série	2ª série	3ª série	4ª série	5ª série
Exploratório (vivências)	– Relações Sociais – Espaço – Tempo – Natureza – Cultura	– Relações Sociais – Tempo Geográfico: dias do mês (cronologia) – Tempo Histórico: hoje, ontem, amanhã, presente, passado, futuro	– Relações Sociais	– Relações Sociais	– Relações Sociais
Específico de série	– Observar paisagens – Nomear elementos componentes das paisagens – Representar o espaço escolar	– Espaço: • divisões: domínios e fronteiras – Representação Espacial – Representação Terrestre • globo • mapa-múndi – Natureza: • água e terra – Cultura: • na água e na terra	– Espaço Terrestre: • orientação: norte, sul, leste, oeste • divisão: continentes e oceanos • movimento de rotação da Terra – Tempo geográfico: • calendário, dia, hora – Tempo histórico: • transformações: natureza e cultura ontem e hoje – Representação temporal: • tempo de curta duração	– Espaço Terrestre: • movimento de translação • divisão política: país – Espaço Brasil – Espaço Local • divisão política • município – Tempo Histórico • pessoa, local, longa duração	– Tempo Histórico e Espaço Geográfico brasileiro ontem e hoje – Etnias formadoras do povo brasileiro, ontem e hoje
Ampliação	– Deslocamento Espacial Escolar – Relações Sociais Escolares – Vocabulário Oral	– Natureza – Cultura – Espaço – Vocabulário: oral e escrito	– Natureza – Cultura – Espaço – Vocabulário: oral e escrito	– Natureza – Cultura – Espaço – Tempo – Vocabulário: oral e escrito	– Natureza – Cultura – Espaço – Tempo – Vocabulário: oral e escrito

Na 2ª série, o conceito de tempo, nas suas dimensões meteorológica e cronológica, será trabalhado no decorrer de todo o ano letivo, por meio de registro diário e sistemático, na lousa:

— da data completa do dia;
— das condições meteorológicas representadas em quadrinho fixado na parede ou em desenho esquemático feito no cantinho da lousa (Figura 3), após observação com as crianças e conclusão sobre o seu estado.

Figura 3

Ao fixar a data na lousa, convém sempre lembrar aos alunos que o dia de ontem, como os outros que ficaram para trás, pertencem ao passado; os dias que virão de amanhã para a frente são o futuro.

Fazer perguntas como as que se seguem ajuda a ir desenvolvendo as ideias de deslocamento no tempo:

— Você nasceu no presente, no passado ou no futuro?
— Seus pais nasceram antes ou depois de você? Então eles nasceram no presente, no passado ou no futuro?
— E os dinossauros, nasceram antes ou depois de você? Então nasceram no presente, no passado ou no futuro?

O importante aqui, muito mais do que a resposta correta, é criar situação em que os alunos lidem com o "antes" e o "depois" do tempo presente.

É preciso ter sempre em mente que o conceito de tempo histórico é o mais difícil de ser apreendido, por pelo menos duas razões:

— porque o tempo histórico não é uma coisa, um objeto concreto; ele é uma "duração";

— pelas condições internas de aprendizagem das crianças, passando do pensamento pré-lógico para o pensamento lógico concreto.

Provocar os alunos sobre a vida dos dinossauros, tema muito explorado pelas mídias, para estimular o consumo de brinquedos, revistas etc., com as perguntas:

— Eles ainda existem?

— Vocês conhecem alguém que conheceu um dinossauro vivo?

— Como ficamos sabendo que eles existiriam antes de nós, muito, muito, muito tempo atrás?

Isso propicia um exercício com o "antes do tempo do aluno".

Todavia, caso o professor constate, por exemplo, que os alunos se detêm na história da vida dos dinossauros, apresentando dificuldades em apreender o significado de "antes do tempo do aluno", não há razão para se preocupar e/ou insistir no assunto. Pois o tema "tempo histórico" continuará sendo estudado em nível exploratório, e de vivências, e específico de série até a 5ª série.

No eixo do trabalho que desenvolveremos agora está o *conceito específico da série – espaço –* que orientará também o trabalho com os conceitos da *natureza* e *cultura*, no nível de retomada e ampliação, e com o conceito de *tempo*, no *nível exploratório*.

O ser humano existe dentro de um espaço, o qual utiliza e organiza de determinada maneira num dado momento sócio-histórico.

Tomar conhecimento desse fato por meio de experiências escolares é tarefa do ensino de História e Geografia, que se impõe desde os anos iniciais de escolaridade.

No decorrer da 2ª série, pretende-se atingir os seguintes objetivos:

- compreender divisões espaciais e suas características;
- compreender e fazer representações espaciais;
- introduzir habilidade de leitura das representações convencionais do espaço terrestre (globo e mapa-múndi).

Considerando-se as condições internas do aluno, esse trabalho deverá se iniciar por brincadeiras-exercício com divisões espaciais (construção e leitura), que se seguirão a uma conversa introdutória com a classe sobre o espaço escolar. Este já deverá ter sido explorado na 1ª série. Retomando a questão agora, nesta conversa introdutória, o professor poderá, a partir da exploração da localização da nova sala de aula, encaminhar observações das crianças sobre:

- o tamanho do espaço escolar (Acham grande ou pequeno? Se comparado ao local de moradia de cada um, é grande ou pequeno? Se comparado a um campo de futebol? Se comparado à igreja principal da localidade?);
- as divisões do espaço escolar (Quantas salas de aula existem no espaço da escola? O que mais existe além das salas de aula?).

A seguir, o professor contará aos alunos que irão fazer brincadeiras-exercício com o espaço para aprenderem a descobrir uma porção de coisas importantes sobre o assunto.

O 1º semestre: trabalho introdutório

Divisões espaciais

A compreensão de divisões espaciais será iniciada com a formação dos conceitos de domínio e de fronteira. Será desenvolvida a partir de uma série de jogos, feitos na própria sala de aula ou no pátio do recreio.

Os jogos propostos por Dienes-Golding[2] podem ser aproveitados para a formação de conceitos básicos para Geografia e História. É o caso dos jogos de fronteiras e domínios, que observamos a seguir.

Demarca-se com giz um grande círculo no chão (Figura 4). Dispõe-se dentro deste círculo, círculos menores, localizando-se, dentro de cada um, uma criança. As demais se distribuem sentadas em volta do círculo grande, do lado de dentro.

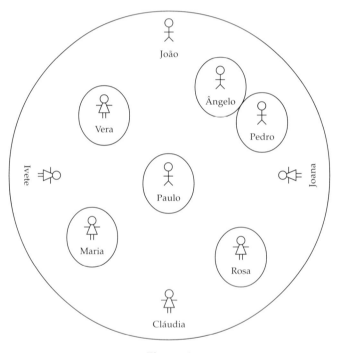

Figura 4

Em seguida, o professor mostra para a classe que o espaço dentro de cada círculo chama-se domínio. E denomina então o espaço de cada domínio com o nome de seus ocupantes, por exemplo:

---

2. Dienes Z. P. & Golding, E. W. *Primeiros passos em Matemática — Exploração do espaço*. São Paulo: Herder, 1969.

— domínio da classe (espaço delimitado pelo grande círculo);
— domínio de Pedro;
— domínio de Paulo;
— domínio de Maria;
— domínio de Rosa;
— domínio de Vera;
— domínio de Ângelo.

A professora convida Cláudia, que está sentada no domínio da classe, a ir visitar João, que também está sentado no domínio da classe, sem passar por nenhum outro domínio. Professor e alunos devem estar atentos, verificando se Cláudia fez corretamente o percurso, sem entrar nos demais domínios. Na ocorrência de erro, todos devem dizer "cuidado". Cláudia deverá corrigir o caminho, com a ajuda do professor, se necessária.

Essa atividade deve ser repetida várias vezes com crianças diferentes, ocupantes do domínio da classe.

A seguir o professor pergunta:

1. Ângelo, que está no domínio encostado ao de Pedro, pode ir visitá-lo sem atravessar nenhum outro domínio?

Recebe a resposta, qualquer que ela seja. Indaga à classe se a resposta está certa e solicita a um aluno que explique, mostrando no chão a explicação. Caso a resposta esteja errada, o professor prossegue solicitando explicação mostrada no chão, até obter a resposta correta.

Isto feito, o professor indaga:

2. E Pedro, que está em um dos círculos pequenos, pode ir visitar Rosa, que está dentro de outro círculo pequeno, sem atravessar nenhum domínio?

Recebe as respostas à questão 2 e procede do mesmo modo que na questão 1.

À medida que o exercício prossegue, o professor pode ir aumentando a dificuldade da pergunta. Por exemplo: solicitando a Maria que visite Paulo, atravessando dois domínios, e assim sucessivamente, sempre repetindo os procedimentos indagativos anteriores, até alcançar respostas corretas.

Em outro dia, o professor deverá trabalhar com os círculos dispostos no chão como na figura 4.

Retoma com os alunos o jogo dos domínios e quando constatar que a ideia de domínio está incorporada, avança informando agora que as linhas que cercam os domínios chamam-se fronteiras. Pede então às crianças que observem quantas fronteiras estão marcadas no chão.

Recolhe as repostas, quaisquer que sejam, e solicita que as mostre no chão. A partir dessa demonstração, deverá chegar à resposta correta: 7. Segue a atividade com provocações didáticas do professor como: "É possível Vera visitar Paulo sem atravessar nenhuma fronteira? Maria, vá visitar Pedro atravessando três fronteiras. Joana, que está sentada no domínio da classe, vá visitar Ivete, que também está sentada no domínio da classe, atravessando cinco fronteiras. Ângelo, que está no domínio encostado ao de Pedro, pode ir visitá-lo sem atravessar nenhuma fronteira?"

Com que domínios o domínio de Pedro faz fronteira? E o domínio da classe?

São essas algumas provocações didáticas que, acompanhadas pelo professor, encaminham à incorporação vivencial pelas crianças dos conceitos espaciais aqui trabalhados (domínios e fronteiras) como introdução necessária aos conceitos referentes ao espaço geográfico a ser trabalhado ao longo das cinco séries iniciais do Ensino Fundamental.

Observe-se que ninguém definiu teoricamente fronteira e domínio, mas a palavra é introduzida na atividade de tal maneira que a criança, por meio da experiência concreta, interiorize o significado que as duas palavras representam em sua ideia. Isso porque sua fase de operações mentais é provavelmente a do início das operações concretas, e de nada valeria para elas ensinar que "fronteira é uma linha divisória". As crianças entenderão isso a partir da experiência.

Esses jogos deverão se repetir tantas vezes quantas forem necessárias para que os alunos aprendam, interiorizem a noção de fronteiras e de domínio. É preciso, porém, variar constantemente o jogo inicial, para suscitar sempre observações diferentes da criança. O importante é não mecanizar as respostas.

Em outro dia, o professor pode variar o jogo anterior, criando situações novas que suscitem a necessidade das crianças realizarem novas observações, como no jogo que é apresentado a seguir (Figura 5), em que uma criança é a "caça" e a outra o "caçador".

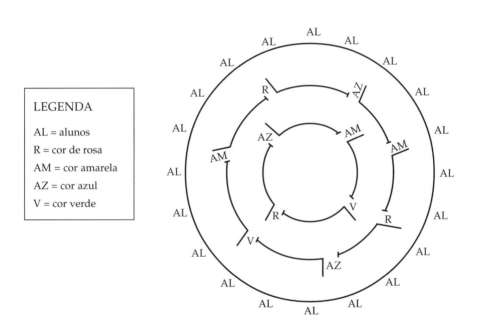

Figura 5

Com giz de quatro cores diferentes, o professor abre "portas" nas fronteiras dos domínios dos dois círculos menores (V = verde, AM = amarelo, R = rosa, AZ = azul).

Indaga da classe quem quer ser a caça e quem quer ser o caçador. Escolhe, dentre os candidatos à caça, "a primeira caça". O aluno escolhido deverá definir o bicho que vai ser. Escolhe dentre os candidatos o caçador, o que vai ser "o primeiro caçador".

O caçador e a caça deverão partir do lugar onde se encontram, fora do grande círculo. O professor ordena que a caça deverá ir se esconder no centro do domínio menor, passando sempre por portas amarelas. Observa com a classe o caminho percorrido pela caça e marca o percurso feito com giz amarelo no chão. Em seguida ordena ao caçador que persiga a caça em seu esconderijo, passando sempre por portas verdes. Repete com a classe a observação anterior e traça com giz verde o caminho do caçador.

Neste ponto o professor indaga aos alunos observadores, dispostos em volta do círculo maior:

— Quem veio pelo caminho mais curto?

— Quem veio pelo caminho mais comprido?

Leva os alunos a verificarem as respostas dadas utilizando barbantes para reproduzir os dois percursos.

O livro de Dienes-Golding, citado anteriormente, apresenta variações interessantes de jogos com espaço.

Representação espacial

A fim de propiciar a incorporação pelas crianças das noções espaciais vivenciadas (domínios e fronteiras), o professor pode apresentar à classe o desenho simplificado do jogo da caça na lousa, pedir aos alunos que o copiem no caderno e depois indaga: "Este é o jogo que fizemos?".

As repostas possíveis deverão ter o tratamento didático exigido pelo ensino produtivo aqui proposto. Para a resposta "não", indagar "por quê"? Para a resposta "sim", problematizar: "Então a lousa é o chão do pátio"?

As respostas dadas às perguntas anteriores devem ser esmiuçadas até chegar ao seguinte ponto:

— "faz de conta" que a lousa e a folha do caderno são o chão do pátio;

— "faz de conta" que os círculos aí desenhados são aqueles que desenhamos no pátio;

— "faz de conta" que as cruzinhas no desenho do jogo de caça são os alunos.

O professor informa, então, que sempre que uma coisa "faz de conta" que é "outra", esta coisa é uma *representação*.

Assim, a folha de caderno *representa* o chão do pátio; os círculos desenhados *representam* os círculos desenhados no pátio; cada X *representa* um aluno.

A partir deste momento é importante trabalhar com o conceito "representação". Para isso, utilizam-se materiais como: figuras de revista ou de "calendários" apresentadas pelo professor à classe; fotografias das crianças (caso tenham ou seja possível tirar); quadros; estátuas existentes na localidade; estatuetas de que os alunos e/ou professor disponham (decorativas ou de santos etc.).

Para o ensino produtivo de História e Geografia, tal material será trabalhado a partir de uma sequência de questões apresentadas aos alunos e por ele respondidas, como:

— O que vemos nesta figura de revista? (O professor aguarda a resposta.)

— Mas é isto mesmo que está aqui de verdade? (Imaginemos, para fins do nosso raciocínio, que se trate de uma praia, e que a resposta seja afirmativa.)

— Podemos então molhar agora nossa mão neste mar? Ou pisar nesta areia? Ou subir neste coqueiro? (Suponhamos que a resposta seja "não".)

— Então isto não é uma praia, mas é a *representação* de uma praia.

O mesmo procedimento se aplica ao trabalho com as fotografias, quadros e estatuetas.

Três semanas dedicadas a esse trabalho introdutório poderão ser suficientes; todavia, cabe ao professor a responsabilidade de definir esse prazo, em função de sua realidade.

Para que as crianças possam visualizar, em representações gráficas, relações de vizinhança entre diferentes "domínios de espaços", o professor pode apresentar o desenho de áreas internamente divididas, pedindo para colorirem sem que nunca "domínios vizinhos" sejam pintados com a mesma cor.

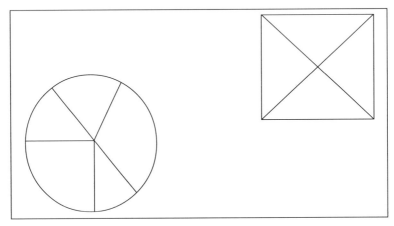

Figura 6

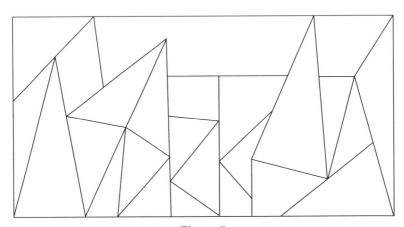

Figura 7

É interessante notar que, à medida que as figuras ou áreas representadas vão se complicando (Figura 7), as crianças começam a apurar seu conceito de limite, fronteira ou vizinhança, chegando mesmo a perceber que essas fronteiras ou limites podem ser um simples ponto.

Representações convencionais do espaço terrestre

O próximo passo consiste em mostrar para os alunos que, assim como as representações das brincadeiras com o espaço, e as representações (fotografias) de pessoas, lugares e coisas existem, há também representações da Terra onde moramos. Durante esta conversa, o professor deve ir mostrando as representações já trabalhadas — gravura, estatueta etc. — e, em seguida, apresentar à classe uma fotografia da Terra feita pelos cosmonautas, e contar de onde esta foto foi tirada. Poderá então indagar se já conhecem esta foto e pedir que observem:

— O que veem na foto?

— O que falta da Terra na foto?

Depois de as crianças indicarem elementos existentes na Terra que não aparecem na fotografia tirada pelos cosmonautas, o professor deverá apresentar o globo terrestre às crianças:

— esta é uma outra representação da Terra; ela é como se fosse uma "estatueta da Terra" e se chama globo terrestre;

— vamos observar o globo terrestre e verificar o que podemos ver nele, que não vemos na fotografia da Terra tirada pelos cosmonautas?

— vamos descobrir por que faltam tantas coisas na fotografia dos cosmonautas?

As brincadeiras-exercício seguintes propiciarão esta compreensão num nível bem concreto:

- com um canudo de papel — "nossa máquina fotográfica" —, um aluno deverá focalizar (usando um dos olhos, enquanto outro permanece fechado) um colega, que será o "alvo" a ser observado;

- o professor faz com hidrográfica, lápis de maquiagem ou carvão uma pinta no rosto do alvo, coloca-o em pé, bem próximo do observador, de tal modo que este possa ver o rosto inteiro do companheiro e mais nada; marca no chão o lugar onde ficou o alvo, contornando os seus pés com giz; indaga ao observador o que está vendo do companheiro; insiste na pergunta, até obter uma resposta que aponte o rosto e a pintinha feita;

- o professor desloca o alvo até um ponto da sala em que o observador possa ver até a cintura do alvo; marca no chão o lugar onde está o alvo; pede novamente ao observador a descrição do que está vendo; solicita uma consideração sobre como vê a pintinha agora;

- o professor desloca o alvo até o ponto da sala em que é possível ao observador ver através do canudo o corpo inteiro do alvo; repete os demais procedimentos;

- se ainda houver espaço na sala, o professor poderá deslocar o alvo para um ponto mais distante possível do observador, de tal forma que ele veja o corpo inteiro do alvo e mais espaço, tanto ao redor da cabeça como dos pés; repete os demais procedimentos.

Ao finalizar as observações nas quatro diferentes distâncias, pergunta ao observador:

- O que mudou quando você olhava seu colega mais perto de você e quando o olhava mais longe de você?

- O que aconteceu com a pintinha do rosto do companheiro, quando estava perto e quando estava mais longe?

Deve-se chegar com os alunos (sempre através do questionamento das respostas obtidas) à conclusão de que, quanto mais longe estava o alvo do observador, maior parte de seu corpo era possível ver; quanto mais longe, menos se via a pintinha do rosto.

Os lugares demarcados no chão (Figura 8) constituem a referência concreta das diferentes distâncias em que o alvo foi focalizado, e são importantes para que as crianças elaborem seus raciocínios após o exercício; além disso, possibilitam a retomada da observação, quando necessário para esclarecer dúvidas, ou refazer compreensões equivocadas.

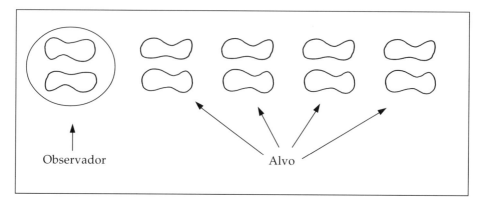

Figura 8

As posições de observador e alvo assumidas pelos dois alunos poderão ser invertidas, e também convém que sejam ocupadas por vários alunos. Não há possibilidade de que todos venham a assumi-las em classe. O interesse e curiosidade despertados se encarregarão de levá-los a executar o "exercício" fora da situação aula, o que poderá mesmo ser sugerido pelo professor.

O conhecimento importante a ser atingido é o seguinte:
— quanto mais de perto observo o alvo, mais perco a visão de totalidade (vejo apenas parte do corpo) e ganho a visão dos detalhes (vejo a pintinha no rosto);

— quanto mais de longe observo o alvo, mais ganho a visão de totalidade (vejo o corpo todo) e perco a visão dos detalhes (não vejo, ou quase não vejo mais, a pintinha no rosto).

O mesmo tipo de brincadeira-exercício poderá ser feito utilizando-se uma máquina fotográfica, quando isto for possível. Ordenar fotos de um mesmo alvo segundo o critério "tirada de mais perto", "tirada de mais longe", constitui um exercício fecundo.

Essas atividades foram todas efetuadas num mesmo plano. Como a fotografia da Terra é feita com o observador e o observado em planos diferentes, será interessante criar também alguma experiência simples que reproduza essa situação.

Se a escola tiver dois andares, é possível sentar no chão do pátio com os alunos e pedir que anotem o que veem à sua frente. Se a escola for murada, verão tudo até o muro. Em seguida, pode se dirigir ao andar superior, olhar pela janela na mesma direção em que olharam o pátio, e pedir que anotem o que vêem à frente.

Em seguida, indaga-se dos alunos o que aconteceu na observação "de cima":

— Viram a mesma coisa?

— Viram a mais?

— Viram a menos?

É preciso chegar à conclusão de que "do lugar mais alto viram também o que existem além do muro da escola" — ou seja, observando-se de mais alto ganha-se em amplitude. Com isso, o professor poderá explicar que é mais ou menos assim que funcionam as máquinas de tirar fotografias da Terra, e, retornando à foto, indagar: "Por que será, então, que nesta foto da Terra tirada da lua consigo vê-la inteirinha e falta tanta coisa?"

As crianças devem chegar à resposta: "Porque ela foi tirada de muito, muito longe e muito alto."

Cabe ao professor explicar então que em fotografias tiradas de mais perto da Terra é possível distinguir as terras, os rios, os lagos, os oceanos e mares.

A partir dessas fotos é que é possível fazer o globo, que é uma *representação da Terra*.

O globo exerce certo fascínio sobre os alunos, e não há razão para desperdiçá-lo no momento em que surge. Manipular o globo, olhá-lo, descobrir "coisas" nele, ou seja, iniciar o aluno nessa leitura fascinante é o que se tem a fazer.

Daqui para diante, a sequência do trabalho deverá observar estes passos:

1. Apontar para as crianças no globo terrestre:
   — as águas que existem na Terra (rios, lagos, mares, oceanos), informando que tudo o que é azul no mapa ou no globo representa o domínio das águas;
   — as terras que existem (continentes e ilhas), informando que tudo o que está com outra cor, que não a azul, representa o domínio das terras.

2. Convidar pequenos grupos de três ou quatro alunos, até atingir a classe toda, para:
   — passar o dedo no domínio das grandes águas (oceanos);
   — descobrir onde está escrito o nome desse domínio de água;
   — passar o dedo num rio;
   — descobrir o nome desse rio;
   — passar o dedo no domínio de um lago;
   — descobrir o nome desse lago;
   — passar o dedo na fronteira do domínio das terras com o domínio das águas;
   — repetir os exercícios com o "domínio das grandes terras" (continentes) para o "domínio das pequenas terras" (ilhas).

Depois de interiorizada a ideia das "grandes terras" e das "grandes águas" como "domínios", informar que os domínios das grandes terras, os continentes; e que os domínios das grandes águas são os oceanos.

Propor, então, a seguinte atividade:

— apresentar às crianças folhas xerocadas ou mimeografadas, com um mapa-múndi simplificado (contendo apenas continentes e ilhas). Solicitar que pintem de azul o domínio das "grandes águas". E depois, pintem os domínios das "grandes terras", os continentes, cada um de uma cor. Colar a folha no caderno.

— distribuir outra folha xerocada ou mimeografada, com um mapa-múndi simplificado. Apontar no mapa-múndi dependurado na frente da classe o nosso continente; pegar uma folha xerocada igual à que as crianças têm, escrever ao longo do nosso continente o seu nome e pedir que as crianças façam o mesmo; percorrer as carteiras verificando e corrigindo quando for o caso; proceder da mesma maneira para cada um dos outros continentes e com os oceanos.

O 2º semestre: conceitos específicos

Espaço, Natureza, Cultura

Espaço

Dando início ao 2º semestre com o trabalho sobre Espaço, é preciso que o professor retome a exposição do globo terrestre para os alunos com as seguintes provocações:

— Vamos achar o domínio das "grandes terras" no globo terrestre?

— E o domínio das "grandes águas?

— Quem pode vir me mostrar um rio?

Depois de retomar o manuseio e exploração do globo terrestre, é o momento de o professor apresentar o mapa-múndi às crianças, procedendo da seguinte forma:

— expor ao lado do globo o mapa-múndi, explicando que é uma outra representação da Terra, que se chama mapa-múndi;

METODOLOGIA DO ENSINO DE HISTÓRIA E GEOGRAFIA

— solicitar às crianças que verifiquem se encontram no mapa-múndi os mesmos "domínios das grandes terras" (continentes) e "das grandes águas" (oceanos) contidos no globo.

Feita a observação pelas crianças e encontrados os mesmos domínios, o professor deverá proceder à seguinte demonstração:
— Vou mostrar agora para vocês como é que o globo "virou" um mapa-múndi:
  • encher de ar um globo de plástico inflável e apresentá-lo às crianças para que vejam que é um globo igual ao que está sobre a mesa;
  • recortá-lo nas linhas pontilhadas, como indicado na Figura 9, para que fique de tal forma que seja possível esticá-lo e prendê-lo sobre uma folha de papel-cartão; (Figura 10)
  • ligar no papel-cartão as fronteiras interrompidas pelo recorte (Figura 10) e mostrar que é assim que o mapa-múndi é construído.

A finalidade desses exercícios com as representações convencionais da Terra é familiarizar as crianças com esses instrumentos de trabalho da ciência Geografia. Não há a menor pretensão de que as crianças memorizem nome dos continentes, até porque o trabalho com eles será retomado em várias outras séries do Ensino Fundamental.

O objetivo aqui é introduzir os alunos de forma vivencial e compreensiva ao uso e manuseio desses instrumentos geográficos.

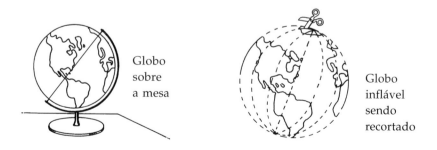

Globo sobre a mesa

Globo inflável sendo recortado

Figura 9

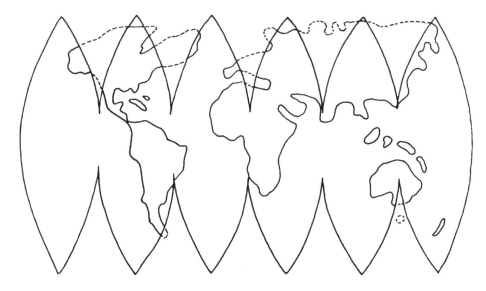

Figura 10

Natureza e Cultura

No ensino produtivo de História e Geografia, os passos já propostos para as atividades anteriores se mantêm. O que vai mudar é o nível de sistematização do conhecimento trabalhado.

Retomando o procedimento já preconizado temos:

— perguntas iniciais;

— observações orientadas;

— registro das respostas alcançadas;

— brincadeiras-exercício.

Desencadeia-se o trabalho com os conceitos de natureza e cultura, retomando atividades de observação de "coisas feitas pelo homem" e de "coisas não feitas pelo homem", já iniciadas na série anterior.

A iniciação dos alunos na sistematização dos conceitos de "natureza" e "cultura", específicos de 2ª série, será promovida pela retomada de observações de elementos componentes de tais conceitos, seguida de registros com figuras, formando dois conjuntos.

É preciso aqui:

— retomar observações de "natureza feita de água" e de "natureza feita de terra" realizadas na localidade onde a escola se situa a partir de provocações didáticas do professor: como é a terra que estamos vendo? E as águas?

— conhecer o nome com que as crianças denominam cada fenômeno observado, pois é possível que se refiram a eles de maneira informal – tipo "um montão de terra" para uma "montanha" – ou ainda que usem palavras convencionais de forma ainda equivocada – tipo "rio" para o "lago";

— informar o nome correto do fenômeno observado e despertar a atenção para os aspectos que o caracterizam.

Só então será o momento de introduzir os alunos à sistematização inicial do conceito de natureza, agora sob a forma de registros com figuras, formando dois conjuntos.

Sob cada um dos conjuntos deverão ser registrados por escrito, respectivamente, os conceitos:

- Natureza é tudo aquilo que existe e não é feito, nem cuidado, nem transformado pelo homem.
- Cultura é tudo aquilo que existe e é feito pelo homem, ou cuidado, ou transformado por ele. Precisou do trabalho do homem para existir.

Ampliação de conceitos

Este é um bom momento para avaliar com as crianças aspectos e elementos da cultura que, se desconsiderados por nós, resultam em prejuízos para a natureza, transformando-a em "cultura ruim", ou seja, prejudicial à nossa saúde e à vida dos seres humanos, dos animais e das plantas em nosso planeta.

Recorrendo a ocorrências da vida cotidiana próxima dos alunos, por exemplo, chupar uma bala, jogar papel no chão ou na rua e propor uma atividade lúdica, como compor coletivamente uma história – a história do papel de bala jogado no chão — é uma forma de trabalhar com os conceitos de natureza e cultura em nível de ampliação na 2ª série.

A composição da história coletiva dirigida pelo professor poderá compreender os seguintes passos:

— primeiramente, o professor imagina o sentido a ser dado à história; suponhamos que seja imprimir uma trajetória a um papelzinho de bala jogado no chão, que vá terminar nas águas de um rio, buscando com isso despertar as crianças para atuações inadvertidas que geram "cultura ruim";

— dar início à história com uma afirmação e uma pergunta a ser respondida pelos alunos chamados a responder em uma sequência combinada;

— acolher as respostas. E a cada resposta construída pelos alunos ao longo da composição coletiva irá intercalando perguntas que levem as crianças a usar conceitos de natureza e cultura;

— a seguir o professor intervém:

- propiciando o desenvolvimento da ideia colocada pela resposta do aluno anterior;
- fazendo as perguntas cabíveis para o uso dos conceitos de natureza e cultura pela classe;
- direcionando a composição da história para o final desejado e para as considerações sobre a importância de se saber o que é cultura e o que é natureza, para nos comportarmos de modo a colaborar com a preservação de nossa saúde e da vida em nosso planeta.

A seguir, como exemplo, a possibilidade de composição coletiva de uma história apoiada nos passos aqui recomendados:

Professor à classe:

— Era uma vez um papelzinho de bala jogado no chão. O papelzinho ficou alegre ou triste?

Respostas possíveis:

O papelzinho ficou alegre porque não estava mais grudado na bala e poderia passear e brincar onde quisesse.

O papelzinho ficou triste porque tinha medo de ser pisado por alguém.

Professor à classe:

— O papelzinho é natureza ou cultura? Por quê? (e tece as considerações necessárias);

— O papelzinho começou a brincar de rolar no chão e aí o que aconteceu? (no caso da resposta 1), ou

— Ele se escondeu dentro de uma latinha vazia de suco que encontrou no chão, e aí o que aconteceu? (no caso da resposta 2).

Novas respostas possíveis:

— Um menino chutou-o para a água da chuva que corria na sarjeta (no caso da resposta 1).

— A latinha foi rolando, rolando, numa descida (no caso da resposta 2).

Professor à classe:

— A latinha de suco é natureza ou cultura? E a água da chuva? (e tece considerações necessárias).

— A água da chuva levou o papelzinho para o rio (no caso da resposta 1).

— A latinha com o papelzinho foi cair no rio e acabou-se a história do papelzinho (no caso da resposta 2).
— O rio é natureza ou cultura? Por quê?

Agora, o rio ficou sujo por causa da ação de um menino que jogou o papel de bala no chão e de uma mulher que jogou a latinha de suco vazia na rua. Agora, o rio virou "cultura ruim", porque a água suja vai fazer mal para os peixes que poderão comer o papelzinho e morrer ou adoecer.

Uma outra possibilidade o professor pode encontrar na literatura infantil. Poderá escolher uma história sobre interferência do homem na natureza, que permita a ele ir contando para a classe e fazendo perguntas que levem as crianças a usarem os conceitos de natureza e cultura em suas respostas.

A literatura infantil é também um recurso muito eficiente para promover o desenvolvimento da linguagem oral e escrita das crianças e para ampliar o vocabulário.

Vocabulário: oral e/ou escrito: natureza, cultura, domínio, fronteira, representação, continente, oceano, globo, mapa-múndi.

Capítulo 6

■ A 3ª série ■

Ideias norteadoras

Observemos a 3ª série no conjunto das cinco séries iniciais do Ensino Fundamental.

Inicialmente é preciso organizar as *relações sociais* a serem vividas ao longo da série (*nível exploratório*), como abordado anteriormente.

Dois conceitos específicos são os eixos do trabalho nesta série: o *espaço* e o *tempo*.

Diariamente procede-se ao registro sistemático do tempo cronológico (datar diariamente os trabalhos) na lousa e no caderno.

Também o registro diário e sistemático das condições do tempo meteorológico, já iniciado na 2ª série, continuará sendo feito na 3ª. Haverá agora afixada na parede da sala de aula uma ficha de registro para o mês inteiro (como mostra o modelo que se segue) de maneira que, ao final de cada mês, os alunos possam perceber o que predominou: dias

Séries / Nível	1ª série	2ª série	3ª série	4ª série	5ª série
Exploratório (vivências)	– Relações Sociais – Espaço – Tempo – Natureza – Cultura	– Relações Sociais – Tempo Geográfico: dias do mês (cronologia) – Tempo Histórico: hoje, ontem, amanhã, presente, passado, futuro	– Relações Sociais	– Relações Sociais	– Relações Sociais
Específico de série	– Observar paisagens – Nomear elementos componentes das paisagens – Representar o espaço escolar	– Espaço: • divisões: domínios e fronteiras – Representação Espacial – Representação Terrestre • globo • mapa-múndi – Natureza: • água e terra – Cultura: • na água e na terra	– Espaço Terrestre: • orientação: norte, sul, leste, oeste • divisão: continentes e oceanos • movimento de rotação da Terra – Tempo geográfico: • calendário, dia, hora – Tempo histórico: • transformações: natureza e cultura ontem e hoje – Representação temporal: • tempo de curta duração	– Espaço Terrestre: • movimento de translação • divisão política: país • Espaço Brasil • divisão política • Espaço Local • município – Tempo Histórico • pessoa, local, longa duração	– Tempo Histórico e Espaço Geográfico brasileiro ontem e hoje – Etnias formadoras do povo brasileiro, ontem e hoje
Ampliação	– Deslocamento Espacial Escolar – Relações Sociais Escolares – Vocabulário Oral	– Natureza – Cultura – Espaço – Vocabulário: oral e escrito	– Natureza – Cultura – Espaço – Vocabulário: oral e escrito	– Natureza – Cultura – Espaço – Tempo – Vocabulário: oral e escrito	– Natureza – Cultura – Espaço – Tempo – Vocabulário: oral e escrito

ensolarados, nublados ou chuvosos; quentes, amenos ou frios. Para cada característica define-se uma cor:

laranja = ensolarado
cinza = nublado
azul-escuro = chuvoso
vermelho = quente
amarelo = ameno
azul-claro = frio

Cada aluno deverá ter também uma cópia dessa ficha colada em página de seu caderno para ir preenchendo com a cor correspondente, após observação diária do tempo meteorológico a parti de provocações didáticas do professor:

— Como está o tempo hoje: quente, frio ou ameno?
— Que cor vamos usar então para representar?
— O que temos hoje: sol, muitas nuvens encobrindo o sol ou chuva?

Com esta atividade vai se aprimorando a conduta observadora do aluno.

Após fazer com os alunos, no final de cada mês, a observação das condições do tempo (contagem dos dias chuvosos, nublados, ensolarados) e da temperatura ambiente (contagem dos dias quentes, amenos e frios) o professor orientará os alunos para, a partir das condições constatadas, completarem a frase: "A temperatura do mês de _____ foi _____ e o tempo foi _____".

Este Registro deve ser guardado também pelo professor, para ser retomado no momento de lidar com as estações do ano e suas características. Antes de se dar início ao trabalho desta nova série, é necessário retomar o conceito de espaço e suas divisões, com o objetivo de rever e poder refazer algum tópico não abordado ou alguma lacuna.

As crianças deverão também fazer essas contagens em suas fichas, conferir a correção com a contagem da professora e proceder ao registro em seu caderno.

Ficha de registro do tempo

DIA	MÊS					
	CHUVOSO	NUBLADO	ENSOLARADO	QUENTE	AMENO	FRIO
1						
2						
3						
4						
5						
6						
7						
8						
9						
10						
11						
12						
13						
14						
15						
16						
17						
18						
19						
20						
21						
22						
23						
24						
25						
26						
27						
28						
29						
30						
31						

Antes de se iniciar os trabalhos com o conceito de "espaço terrestre", específico desta série, é necessário retomar o conceito de espaço e suas divisões, com o objetivo de rever e poder refazer algum tópico não abordado ou alguma lacuna.

Feito isso, é o momento de se começar o trabalho específico da 3ª série, com o qual pretende-se atingir os seguintes objetivos:

— conhecimento e compreensão dos pontos cardeais;
— utilização dos pontos cardeais para orientação espacial e para leitura de mapas e globos;
— conhecimento e compreensão do movimento de rotação da Terra e suas consequências;
— apreensão do tempo como duração;
— iniciação aos modos de representação do tempo.

As condições internas do aluno recomendam que o trabalho específico seja feito a partir de observações, experiências e respectivos registros de fenômenos concretos e perceptíveis que ocorrem no e com o espaço, o que possibilita atingir as metas propostas.

O 1º semestre: trabalho introdutório e conceitos específicos

Pontos cardeais

Durante uma semana, no início e no término de cada dia do período escolar, deve-se levar o aluno a observar onde está o Sol (natureza), em relação ao prédio da escola, e a registrar o que observou por meio de um desenho que permita situar frente, fundos, lado direito e lado esquerdo da escola (Figura 13).

O professor deverá informar o local onde o Sol aparece ou nasce, no início da manhã, ou onde se põe ou desaparece à tarde, em relação à escola, e registrar no desenho.

Figura 13
Escola do Ensino Fundamental

Solicitar também aos alunos que, durante uma semana, façam diariamente o registro dessa mesma observação em casa (Figura 14).

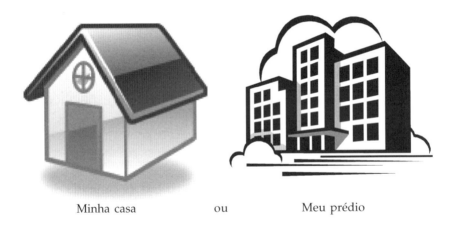

Minha casa   ou   Meu prédio

Figura 14

Paralelamente a esse exercício, o professor pode desenvolver pequenos temas ligados à observação e registro diário do tempo meteorológico:

— quando chove, o que acontece na Zona onde moro (rural ou urbana) com os transportes, as atividades de trabalho, lazer etc.

— o que acontece na Zona diferente da que moro (rural ou urbana) quando faz Sol — com transporte, atividades dê trabalho, lazer etc.

No final de uma semana, comparar com os alunos as cinco fichas do nascer e por do sol feitas em casa (uma para cada dia da semana de 2ª a 6ª feira) e lançar o seguinte desafio:

"O que podemos concluir observando estas fichas?"

O professor deverá trabalhar as respostas obtidas, problematizando as que forem necessárias, até atingir o resultado: "O Sol aparece, nasce, sempre do mesmo lado, e desaparece ou se põe sempre do mesmo lado".

Neste momento o professor deve expor a Figura 13, com o sol nascente e poente nela registrados e pedir às crianças que comparem com os registros feitos em relação à casa onde moram e respondam:

De que lado da escola o sol nasce?

De que lado de minha casa o sol nasce?

Às vezes, as crianças não entendem por que em casa o Sol nasce na frente, e na escola o Sol nasce atrás. Concluem daí que ele caminha. Às vezes já chegam a essa conclusão, a partir da observação do nascer e o pôr-do-sol em casa e na escola. Se isto acontecer pode-se fazer um exercício interessante: ir até o pátio, pegar, por exemplo, quatro crianças (as demais formam um grande círculo em volta) e colocá-las distantes umas das outras, cada qual numa posição em relação ao Sol: uma de frente, uma de costas, uma com o lado direito voltado para o Sol, outra com o lado esquerdo voltado para o Sol (Figura 15).

Solicitar aos demais alunos que observem os colegas em relação ao sol e completem o registro com as alternativas (nas costas, no lado direito, no lado esquerdo, na frente):

O sol está:

_____ de Paula

_____ de Rodrigo

_____ de Carlos

_____ de Camila

Figura 15

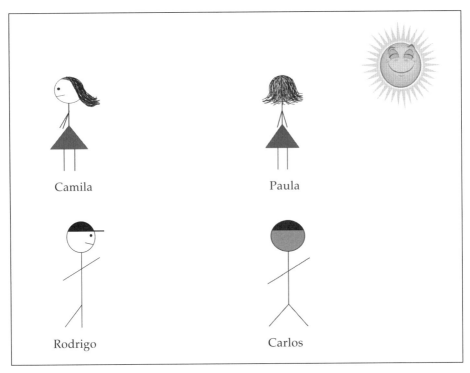

Em seguida indagar:

— O sol mudou de lugar?

Aguardar as respostas, tecer os comentários necessários e problematizar:

— Por que, então, está atrás de um aluno, na frente de outro, à direita de um terceiro e à esquerda de um quarto? O que foi que mudou?

É preciso que cheguem à conclusão de que o que mudou foi a posição das crianças em relação ao sol.

Explicar então que a mesma coisa acontece quando na escola o sol nasce atrás e na casa de um aluno nasce na frente: a casa foi construída de frente para o sol nascente ou leste e a escola foi construída de costas para o sol nascente ou leste.

METODOLOGIA DO ENSINO DE HISTÓRIA E GEOGRAFIA

Essa explicação só deve ser dada se os alunos supuserem que o Sol muda de lugar. Caso contrário, não há necessidade de adiantar este assunto, pois ele será retomado, de maneira concreta (por meio do estudo das sombras), quando formos tratar do movimento de rotação da Terra.

"É possível traçar uma linha reta que vá do nascente (lugar onde o Sol nasce) ao poente (lugar onde o Sol se põe) na ficha do nascer e por do sol em casa, e na ficha da escola?"

O professor aguarda a resposta correta ("sim") e verifica, a partir das fichas de registro, o porquê de eventuais respostas erradas. Traça-se então a linha reta nas fichas, ligando o nascente ao poente.

Indaga a seguir:

"O que podemos concluir agora, observando essa linha reta entre o nascente e o poente?"

Trabalhar as respostas obtidas, problematizando as que forem necessárias, até atingir o resultado: "O Sol se põe sempre do lado contrário ao que ele nasce".

Após o domínio desse conhecimento, o professor dirá aos alunos que o lugar onde o Sol nasce é chamado *Leste*, e o lugar onde o Sol se põe e chamado *Oeste*.

Para a fixação desse conteúdo, sugerimos uma série de brincadeiras/exercício:

— pedir que os alunos indiquem o Leste e o Oeste da classe e fixar uma cartela contendo estas palavras nos locais correspondentes;
— fazer o mesmo no pátio, nos lados do prédio da escola, em casa;
— inventar jogos de "caça ao tesouro", escondendo algum objeto no pátio e fazendo um roteiro que indique, a partir de um ponto inicial:

- caminhe para oeste 10 passos;
- volte 5 passos para leste;
- avance 7 passos para oeste;
- dê mais 5 passos para oeste;
- volte 2 passos para leste;

— inventar quebra-cabeças do tipo: "João e José eram muito amigos.

O fundo da casa de João ficava no nascente e o fundo da casa de José ficava no poente".

a) substitua nesta história as palavras *nascente* e *poente* pelas correspondentes Oeste e Leste;
b) Vamos desenhar as casas de João e José em relação ao Sol; o professor desenha na lousa e pergunta:
c) "para onde dava a frente da casa de cada um deles?" Chama então os alunos para escreverem "leste" e "oeste" nos lugares correspondentes.

Quando os alunos dominarem este assunto, o professor deverá colocar a seguinte questão: "Dando a minha direita para o nascente, tenho à direita o Leste, à esquerda o Oeste. O que tenho à minha frente? E o que tenho atrás?"

Caso ninguém saiba a resposta, informa: "À minha frente tenho o Norte e atrás o Sul".

Fazendo as crianças esticarem os braços, com o direito voltado para a nascente (leste) pedir que descubram o norte e o sul da classe. Os mesmos exercícios de fixação de Leste e Oeste deverão ser feitos para o Norte e o Sul. Uma vez incorporados o norte e o sul, outras atividades deverão focalizar o conjunto dos quatros pontos cardeais.

As brincadeiras-exercício deverão ser aqui utilizadas com todas as variações que a imaginação e a criatividade do professor produzirem. Será interessante, no final da sequência, completar as fichas de observação do nascer e do pôr-do-sol na escola e em casa, incluindo o registro do Leste e Oeste.

As crianças devem ser informadas de que ao conjunto dos pontos de orientação pelo Sol dá-se o nome de *pontos cardeais*.

O espaço em movimento

A tarefa de explorar o espaço, e o espaço em movimento, com crianças das séries iniciais do curso de Ensino Fundamental, deve ser realizada por meio de atividades bem concretas. Isso é possível quando se trata de dimensões totalmente dominadas pela vista, ou seja, totalmente visíveis. O trabalho se complica, porém, quando se trata da exploração de um espaço em movimento, cujas fronteiras ou limites escapam do campo visual. Este é o caso dos conceitos específicos da 3ª série.

Fronteiras não-visíveis de um espaço em movimento significam perda de pontos de referência, pontos estes que permitiriam a percepção do movimento. Fronteiras não-visíveis de um espaço em movimento significam, pois, perda de percepção do movimento.

É exatamente este o fenômeno com que se depara o professor ao ensinar para a criança que a Terra gira. Levá-la a descobrir evidências concretas de que esse movimento se processa é ponto essencial.

Da habilidade do professor na operacionalização dessa exploração dependerá a concretização do fenômeno para o aluno.

Explorar as evidências concretas do movimento giratório da Terra requer que a criança já tenha trabalho com:

— propriedades topológicas do espaço;
— espaço em movimento.

Para essas duas explorações, o livro de Dienes-Golding[2] fornece uma série de jogos. Embora a preocupação do autor seja a formação do pensamento matemático, esses jogos são também propícios à formação de conceitos básicos em História e Geografia.

Como já vimos, os jogos de fronteiras e domínios apresentados no livro de Dienes-Golding são atividades excelentes para a exploração das divisões espaciais.

No mesmo livro, relacionados a "espaço em movimento", encontram-se os "jogos de rotação". Tais jogos consistem em traçar, com um giz, um grande 8 no chão, e outro 8 em papelão, isopor ou madeira. Participam do jogo cinco crianças de cada vez. As demais, dispostas em volta, assistem.

---

2. Dienes-Golding. Op. cit.

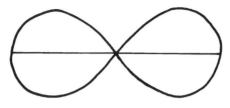

Figura 16

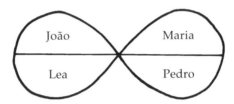

Figura 17

Uma das crianças coloca-se no centro do 8 riscado no chão, com a placa de papelão, isopor ou madeira na mão, na mesma posição da chapa do chão. Traça-se no 8 do chão um eixo definindo quatro domínios (Figura 16).

Quatro crianças ocupam cada uma delas um domínio do oito do chão, que considerará o "seu domínio", a "sua base". A condutora do jogo (criança do centro do oito) deverá escrever nas duas faces da placa em sua mão os nomes das crianças que ocupam os domínios do chão (Figura 17).

A criança que está conduzindo o jogo segura a placa na mão. A posição da placa deve corresponder à posição das crianças no oito do chão. Cada criança do chão deve segurar a placa no lugar onde seu nome está escrito.

Os primeiros jogos destinam-se a familiarizar as crianças com os diferentes movimentos possíveis e com os deslocamentos respectivos.

A condutora anuncia: "Vou dar meia-volta à esquerda". E executa o movimento, imprimindo o mesmo movimento à placa. Como as crianças estão segurando na placa, acompanharão o movimento. Esta situação deve se repetir até que tenha ficado bem claro para as crianças que o movimento de girar as faz mudar de lugar.

Nas repetições, devem ser esgotados os sentidos possíveis do movimento: meia-volta à esquerda, meia-volta à direita, uma volta completa, uma volta e meia etc.

Uma vez feita esta introdução, o professor pode propor jogos em que, sem segurar na placa e mesmo sem olhar para ela, a criança execute os deslocamentos corretamente. Um deles diria: "Onde vai parar cada um se eu girar o oito meia-volta à direita?"

Depois de totalmente dominado este jogo, o seguinte seria a variante: "Como chegar lá?" A condutora do jogo indica onde as crianças irão parar se ela fizer o giro que está pensando na placa da mão, e as crianças têm de descobrir qual foi o giro necessário.

Observe-se que, do primeiro para o último tipo de jogo, caminhamos da execução concreta dos movimentos para a abstração desses movimentos. Essa abstração do movimento constitui o ponto básico para o trabalho de percepção do movimento de rotação da Terra.

O movimento de rotação

Tendo chegado a este ponto, podemos desenvolver o seguinte conteúdo para propiciar às crianças a percepção das evidências que revelam o movimento da Terra:

— observação das sombras e sua posição em relação a um foco de luz;

— observação das sombras e da direção de seu deslocamento, movimentando-se o objeto iluminado;

— o Sol, foco de luz constante, sempre na mesma posição em relação à Terra;

— o movimento de rotação: seu sentido (sua direção) e sua consequência (dia ou noite).

Para conduzir às percepções esperadas, é importante que todo o trabalho se desenvolva através de atividades dos alunos orientadas pelo professor. Isso pode ser feito observando as seguintes etapas:

1ª etapa. A observação sistemática das sombras começa na classe, traçando-se os contornos das sombras existentes com giz. Isso feito, as crianças devem localizar o foco de luz. Pergunta-se então: "De que lado está a sombra de tal objeto? E daquele outro?" e assim por diante.

Um cuidado aqui se impõe: que este exercício seja feito em classes que tenham janelas voltadas apenas para uma face. Caso haja janelas em duas faces diferentes da sala, a observação não será possível, já que seu objetivo é levar o aluno a perceber a localização da sombra, sempre do lado oposto a um único foco de luz.

2ª etapa. Para a atividade que se vai sugerir agora será necessário dispor de uma lanterna. Esta será usada por um aluno para iluminar em sala escura determinado objeto a partir de diferentes pontos. O objeto deverá estar sobre uma folha em branco. Outro aluno irá delineando a sombra projetada no papel.

O objeto será iluminado com o foco de luz colocado à sua direita, à sua esquerda, acima e abaixo se possível. A cada nova colocação do foco de luz deverá ser ressaltada a incidência da projeção da sombra, do lado oposto ao da luz. Será também interessante discutir por que, quando o foco de luz foi projetado de cima do objeto, não houve sombra. Esta última discussão deverá ser mantida até que as crianças descubram que a sombra está embaixo do próprio objeto, e que por isso não é vista.

3ª etapa. No início do dia letivo, os alunos podem ser orientados para marcar a sombra de companheiros no pátio, procedendo da seguinte maneira:

— um aluno se põe em pé, parado, num local do pátio;
— outro aluno circunda com giz os pés deste companheiro; — marca, em seguida, a sombra projetada (Figura 18);

METODOLOGIA DO ENSINO DE HISTÓRIA E GEOGRAFIA

— repete-se a experiência uma hora depois; o aluno que ficar em pé deve pisar exatamente no mesmo lugar, postando-se dentro do traçado de giz que circundou os pés;

— desenha-se uma seta indicando o sentido em que caminhou a sombra (Figura 18);

— repete-se mais uma vez a experiencia uma hora depois da segunda observação, indicando com seta o novo deslocamento.

4ª *etapa*. É uma variação da sequência anterior, para ser feita em casa: a criança coloca um objeto qualquer sobre uma folha de desenho (fora de casa) e marca a sombra projetada por ele às 8 horas, às 10 horas, às 14 horas, às 16 horas, pintando cada sombra com uma cor diferente e desenhando as setas que indicam o sentido do deslocamento das sombras. É indispensável fazer uma legenda indicando a correspondência entre cada cor utilizada e a hora em que foi feito o registro da sombra.

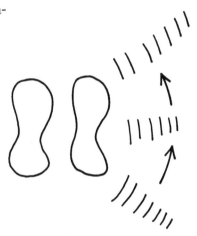

Figura 18

5ª *etapa*. Escurecer a sala de aula. Se isto não for possível, construir uma cabina escura, fechando-se o ângulo de um dos cantos da sala com um pano preto, estendido do teto ao chão. Dentro da cabine, sobre um caixote que servirá de mesa, coloca-se uma bola de isopor de 10 cm de diâmetro (não menos), com uma haste ou uma agulha de tricô introduzida em um dos polos. Numa faixa correspondente à nossa localização no globo, espeta-se um palito. Serão necessários ainda uma lanterna e um maço de fichas para o registro da observação resultante da experiência a ser efetuada (Figura 19).

A experiência consiste no seguinte: o professor e um aluno entram na cabina; o professor segura o foco de luz e pede ao aluno que segure o

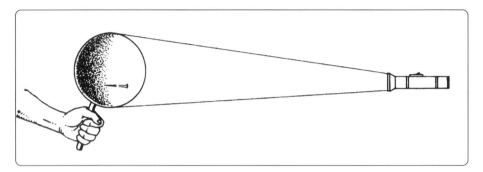

Figura 19

globo pela haste e volte o palito para o começo da área iluminada; em seguida, orienta o aluno para girar lentamente o globo, da esquerda para a direita, pedindo-lhe que observe e descreva oralmente o que está acontecendo com a sombra. O aluno verificará que, quando o globo gira da esquerda para a direita, a sombra também gira da esquerda para a direita, e vice-versa. Receberá então uma ficha onde irá representar graficamente a experiência. A ficha poderá ser feita nos moldes em que mostramos na Figura 20.

Deve-se propiciar ao aluno a oportunidade de repetir a experiência sempre que sentir necessidade, para preencher a ficha.

Em classes dotadas de janelas que vedem a entrada de luz, o professor poderá trabalhar em sua própria mesa, com as janelas fechadas, usando um globo maior de isopor, e cerca de dez alunos de cada vez, em torno de sua mesa, farão a observação e registrarão na ficha.

6ª etapa. Informar aos alunos que o Sol é um foco de luz fixo em relação à Terra, e que a Terra gira em volta dele. Pode-se propor aos alunos que descubram como é o giro da Terra (de que lado, para que lado), comparando a observação da 4ª etapa (ficha com o registro da sombra de um objeto em diferentes horas do dia) com a ficha da 5ª etapa.

O aluno verificará que a ficha com o desenho da sombra na Terra coincide com a ficha da sombra do palito, quando o globo de isopor

Faça abaixo uma seta preta indicando uma direção do giro do globo que você observou na cabina. Faça em seguida uma seta vermelha indicando a direção do movimento da sombra do palito quando o globo estava girando no sentido indicado pela seta preta.

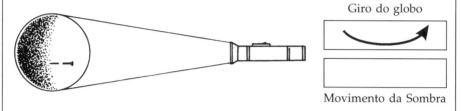

Faça agora uma seta preta indicando a outra direção do giro do globo que você observou na cabina. Faça em seguida uma seta verde, indicando a direção do movimento da sombra do palito quando o globo estava girando no sentido indicado pela seta verde.

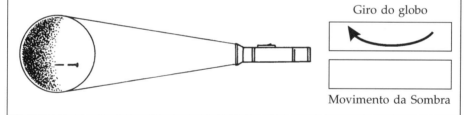

Figura 20

girava da esquerda para a direita. Concluirá então que o movimento da Terra se dá da esquerda para a direita.

Cada aluno deverá reproduzir o giro da Terra com o globo de isopor e, em seguida, com o próprio globo terrestre.

É preciso ter sempre o cuidado de localizar o ponto luminoso fixo em relação à Terra na mesma posição.

7ª etapa. Neste ponto, pode-se substituir as palavras "lado esquerdo" e "lado direito" por Oeste e Leste, respectivamente. Tão logo se faça a substituição dos nomes, pergunta-se às crianças qual é o lado esquerdo e o lado direito de uma bola. Elas deverão manusear o globo de isopor na procura, e logo verificarão que pode ser qualquer ponto.

O professor explica-lhes então que, por isso, os homens imaginaram uma linha desenhada na Terra, que passa pela cidade de Londres — no bairro de Greenwich — e que se chama primeiro meridiano. É esta linha que marca a metade Oeste e a metade Leste da terra e do globo; que marca a fronteira entre o Oeste e o Leste.

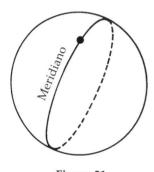

Figura 21

O primeiro meridiano será traçado no globo de isopor, marcando-se nele um ponto que represente Londres. Os alunos observarão que essa linha (Figura 21), bem como a diametralmente oposta, divide a Terra em duas metades. A metade da esquerda é a metade Oeste, e a metade da direita é a metade Leste.

Aqui o professor convida os alunos para acharem a metade Leste e a metade Oeste no globo terrestre, indicando onde fica Londres e convidando-os para:

— Passar o dedo sobre o primeiro meridiano.

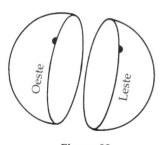

Figura 22

O professor deve pedir aos alunos que desenhem as duas metades numa ficha, escrevendo Leste e Oeste nas metades correspondentes (Figura 22).

8ª etapa. Uma vez dominado esse conhecimento, de tal modo que os alunos saibam indicar com segurança a metade Leste do globo e a metade Oeste a partir do meridiano, o professor poderá introduzir a linha do Equador. Retornando à bola de isopor os alunos deverão desenhar o equador a partir da observação do globo (Figura 23). E o professor deverá proceder da mesma maneira que na 7ª etapa, agora lidando com Norte e Sul.

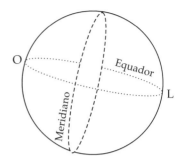

Figura 23

9ª *etapa.* Na cabina escura, o professor fixa o foco de luz e pede a um aluno que segure o globo pela haste em frente ao foco de luz e responda às questões: "O globo está recebendo luz em que parte? O que acontece na outra parte?"
Aguardar as respostas e, depois, informar aos alunos que na metade iluminada é dia enquanto na metade de sombra é noite. O professor problematiza então:

— É sempre dia de um lado da Terra e sempre noite do outro?
— Se o sol é fixo, o que precisa para que aconteça dia e noite em toda a Terra?

Após obter a resposta de que a Terra precisa girar, informa que:
— A Terra leva 24 horas para dar uma volta completa em torno do seu eixo;
— Que este movimento que a Terra faz em volta dela mesma chama-se *movimentação de rotação.*

Exercícios corporais de rotação, em que um aluno é o Sol e o outro a Terra em rotação, são bastante elucidativos quando acompanhados da observação orientada pelo professor:
— Agora é dia ou noite na frente de Marta?
— O que Marta precisa fazer para ficar dia em suas costas?
— E o que aconteceu na frente de Marta?
— Se Marta der duas meias-voltas, o que vai acontecer na sua frente? E nas suas costas?

Este é um bom momento para o professor introduzir as crianças na leitura das horas.

Tempo

Leitura das horas

O professor retoma a informação de que a Terra leva 24 horas para fazer o movimento completo de rotação e indaga: "Quem sabe ler as horas nesse relógio (digital)"? Inicialmente, é preciso que o professor verifique as experiências que os alunos têm (ou não têm) com tais relógios.

O uso frequente do relógio digital nos dias atuais recomenda que se parta com os alunos de leituras das horas no mostrador de exemplares trazidos para a sala de aula. O professor ensina a leitura dos números marcados no mostrador, indicando que o número anterior aos dois-pontos indica a hora. E que o número posterior aos dois-pontos indica os minutos.

O professor retoma a informação de que a Terra leva 24 horas para fazer o movimento completo de rotação e indaga:"Quem sabe ler as horas nesse relógio?" (mostrar um relógio digital).

Inicialmente, é preciso que o professor verifique as experiências que os alunos têm (ou não têm) com tais relógios.

— Quem tem em casa ou conhece um relógio digital?

O professor poderá levar um relógio digital para a classe e pedir a alguns alunos que já saibam fazer essa leitura que ensinem aqueles que ainda não sabem, observados pelo professor, que fará correções, se necessário.

A seguir, o professor poderá desenhar na lousa alguns relógios digitais, como na Figura 24, e convidar os alunos para lerem, um de cada vez, as horas marcadas, que o professor irá mudando.

Quando os alunos estiverem familiarizados com essa leitura, o professor poderá introduzir na classe um relógio não digital de parede e pedir que os alunos o observem.

METODOLOGIA DO ENSINO DE HISTÓRIA E GEOGRAFIA

Figura 24

Com um relógio não digital (Figura 25), feito em papel-cartão, com o ponteiro grande e o pequeno, giratórios e coloridos com cores diferentes, o professor poderá realizar a seguinte sequência:

— A marcação de "hora inteira" no relógio de papelão demonstrando o caminho dos ponteiros.

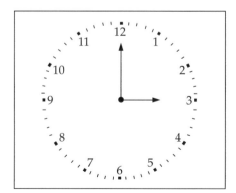

Figura 25

— Levar os alunos a observarem um relógio não digital de parede, trazido para a classe, no momento em que marcar a hora inteira, pedir que leiam e fiquem atentos para avisar o professor quando mudar de hora inteira. Como os alunos às vezes se distraem é preciso também que o professor fique atento para convocá-los à observação quando estiver próximo de ocorrer a mudança de hora.

Esta será acompanhada: de mudança correspondente no relógio de papel-cartão pelo professor e de perguntas para a classe tais como: "Demorou muito ou pouco para passar 1 hora?".

Quando os alunos estiverem familiarizados com a identificação das "horas inteiras" neste relógio, o que poderá levar alguns dias, a próxima etapa é:

— Ensinar a identificar a meia hora, indagando e executando no relógio de papel-cartão: "Se o ponteiro grande leva 1 hora inteira para ir de 12 a 12, quanto tempo ele leva para ir de 12 a 6?

Colher as respostas e provocar:

— "Vamos ver se está certo"? Para tanto, desenhar o relógio do papel-cartão (Figura 25) com o ponteiro grande no nº 6 e o pequeno em qualquer outro número em uma folha de papel sulfite e dobrar ao meio, vincando a folha. Abri-la, deixando o vinco evidente; chamar a atenção das crianças para o fato de que o vinco divide o relógio em duas metades, e perguntar: O ponteiro grande, para chegar no nº 6, andou o caminho inteiro do relógio, de 12 a 12? Convidar algumas crianças para que venham, uma de cada vez, movimentar o ponteiro grande, do nº 12 ao nº 12 e do nº 12 ao nº 6, até que alcancem a resposta correta; "o ponteiro grande andou metade do relógio para chegar no nº 6?"

Informar então que, sempre que o ponteiro grande está no nº 6, ele está marcando meia hora, e o pequeno está sempre marcando a hora no número em que está. E aí levar os alunos a lerem "hora e meia" no relógio trazido para a classe, procedendo do mesmo modo como se fez com a leitura de "hora inteira".

Quando esta leitura estiver incorporada pelas crianças, o professor deverá demonstrar, usando o relógio de papel-cartão, que:

— entre cada um dos algarismos do relógio existem vários pedacinhos e convida as crianças para contarem quantos são esses pedacinhos, no relógio de papel-cartão, indagando:

— Quantos pedacinhos existem entre o 12 e o 1? Aguardar a resposta ; repetir o procedimento até que descubram que os pedacinhos entre os números são sempre 5. Problematizar então:

— Quando o relógio marcar 12 horas e 5 minutos, como estarão os ponteiros?

Repetir a questão para todos os intervalos de 5 minutos em sequência. Indaga a seguir:

— De 12 horas e 5 minutos para 12 horas e 10 minutos, quantos minutos passaram?

Repetir a pergunta a cada cinco minutos avançados. A uma certa altura é possível que descubram a constância (passam sempre 5 minutos). Se não ocorrer, ao final do exercício isto deverá ser afirmado pelo professor, demonstrado e marcando no relógio do papel-cartão os minutos dos intervalos entre os algarismos.

Após esta experiência, o professor coloca para as crianças diferentes horas e frações de horas no relógio (Figura 26) e pede que descubram a regra de leitura dos minutos.

No início é possível que somem, a partir do 12, os intervalos de 5 minutos até chegarem no ponteiro grande.

Quando as crianças concluírem que basta multiplicar por 5 o algarismo indicado pelo ponteiro grande para descobrir a quantidade de minutos, o professor poderá promover pequenos jogos entre duplas. Numa primeira rodada, um aluno marca as horas no relógio e o outro lê;

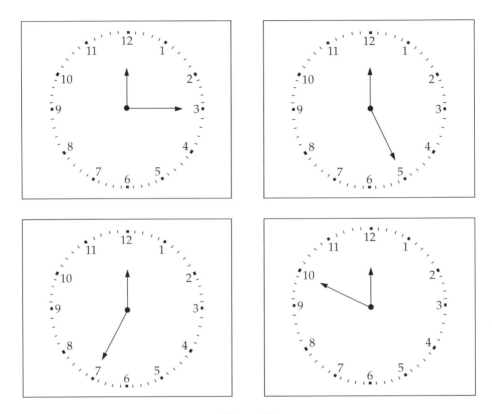

Figura 26

um terceiro aluno, que funciona como juiz, verifica a correção. Em seguida, os papéis se invertem entre os jogadores.

Este trabalho com leitura de horas só será necessário caso ainda não tenha sido efetuado em matemática.

Tempo como duração

Tempo

O trabalho com o eixo *tempo* no nível de conceito específico da série, dentro do espírito do ensino produtivo de História e Geografia, deverá observar uma sequência de *condições externas de aprendizagem* que possibilitem ao aluno lidar com esse conteúdo, construindo seu conhecimento sobre ele, apoiado pelo professor.

Os procedimentos descritos a seguir encaminham a esta situação.

Inicialmente, os alunos serão chamados a atentar para as mudanças que ocorrem regularmente na natureza, com as quais acabaram de lidar: o dia e a noite.

O professor propõe então as seguintes questões:

— as pessoas mudam?

— como é a mudança que acontece com as pessoas ao longo de suas vidas?

— os animais mudam?

— como é a mudança que acontece com os animais ao longo de suas vidas?

— as plantas mudam?

— como é a mudança que acontece com as plantas ao longo de suas vidas?

O objetivo do trabalho é levar o aluno a concluir que as mudanças do ciclo vital ocorrem com o passar do tempo. Cabe ao professor explorar as respostas que vierem até obter tal compreensão.

A ordenação de sequências de fotos ou figuras do ser humano, de uma planta ou de um animal, nas diferentes etapas de sua vida, é um exercício que propicia aos alunos lidar com o tempo de uma maneira concreta.

Já tratamos da dificuldade de apreensão de conceitos abstratos como o tempo que não é uma "coisa" em si, palpável, mas uma categoria abstrata, que ganha sua existência numa relação. Daí ser de máxima importância a montagem de *condições externas escolares de aprendizagem* que facilitem ou propiciem o desenvolvimento das *condições internas de aprendizagem* do aluno.

Quando este dispuser de fotos suas, será interessante utilizá-las, assim como as fotos de um familiar mais velho (o pai ou a mãe).

O professor deve solicitar aos alunos que indaguem e registrem em seu caderno a idade das pessoas com que moram. O registro conterá as seguintes anotações:

nome da pessoa *o que é do aluno* *idade*

Em classe, utilizar os dados coletados para resolver questões como:
— Quem é o mais velho em sua casa?
— E o mais novo?
— Quantas pessoas mais velhas do que você existem em sua casa?
— E quantas mais novas? etc.

Neste momento é oportuno e necessário chamar a atenção dos alunos para mudanças que ocorrem no mundo da *cultura*.

Algumas questões podem encaminhar o trabalho:
— E os objetos mudam?
— Como é a mudança que acontece com os objetos?
— O lugar onde moramos foi sempre assim ou mudou?

Deve-se concluir que todas essas coisas mudam, porque são coisas feitas, construídas pelo *homem*; este, assim como é capaz de fazê-las de certo modo, é também capaz de modificá-las quando sente necessidade disso.

São situações de aprendizagem adequadas à familiarização com o tema: exercícios de ordenação de sequências de objetos (figuras) no tempo, tais como automóveis, rádio, relógio, maiôs femininos, maiôs masculinos etc.; ordenação de gravuras da localidade onde a escola se encontra, em diferentes tempos de sua existência. Deve-se perguntar às crianças:

— quantos anos tem este lugar onde vivemos e onde nossa escola está?
— qual é o dia do aniversário deste local?

Caso não saibam as respostas, o professor as deve fornecer.

É interessante ainda dizer aos alunos que, assim como a mãe sabe contar a história dos filhos desde que nasceram, as pessoas mais velhas do local sabem contar muitas coisas sobre como a cidade era, antes deles, alunos, terem nascido. Constituem exercícios bastante enriquecedores entrevistar familiares mais idosos sobre como era a localidade; trazer moradores antigos à classe para serem entrevistadas sobre a localidade.

O roteiro de entrevista deverá ser previamente organizado com os alunos. Para isso, o professor pergunta o que as crianças gostariam de saber sobre o local antes de eles terem nascido. Arrolar três ou quatro itens e combinar como conduzir a entrevista:

— definir quem fará as perguntas: um só aluno ou vários?;

— apresentar ao entrevistado uma pergunta de cada vez;

— anotar as respostas ou gravar as respostas conforme as possibilidades locais.

É importante registrar o nome do informante e lembrar que as seguintes perguntas são necessárias e introdutórias:

— quantos anos o(a) senhor(a) tem?

— há quanto tempo vive neste local?

As respostas a estas questões permitirão saber até que ponto da história da localidade os entrevistados conhecem pessoalmente. Oferecerão também a oportunidade de colocar para os alunos o problema:

— Como a nossa localidade tem.... anos, como poderemos saber como era a vida por aqui há mais de 100 anos, já que é muito raro encontrar pessoas com esta idade ou mais?

O professor deverá verificar o que pensam a respeito e informá-los de que há pessoas que estudam a vida passada dos lugares e que escrevem sobre o que descobrem. Conhecer essas descobertas é importante para que possamos compreender melhor a vida no local da maneira como ela está hoje; para que possamos compreender os problemas que existem; para que possamos pensar a melhor maneira de tentar resolver estes problemas.

Representação do tempo

Este é um momento propício para convidar os alunos a fazerem no caderno uma representação do tempo. Lembrar que as representações da Terra, como mapas e globos, são feitas a partir de fotografias. Indagar como poderemos fazer isto se não é possível fotografar um ano.

Depois de ouvir as elaborações das crianças a respeito, o professor deve problematizar as que julgar necessário e acatar as que forem procedentes.

Espera-se a conclusão de que é possível "fazer de conta" que uma linha como a seguinte_____é o tempo. Coloca-se então a questão de como podemos, usando uma linha, representar no caderno:

— um dia, com suas partes: manhã (cerca de 6 horas até cerca de 12 horas), tarde (cerca de 12 horas até cerca de 6 horas da tarde), noite (cerca de 6 horas da tarde até cerca de 6 horas da manhã);

— explorar aqui com as crianças o uso do calendário e sua organização em semanas, meses e anos, convidando-os para:

  • marcar no calendário o dia do aniversário de cada um, o dia do aniversario de alguns colegas, de alguns familiares etc.

Isto feito, solicitar que representem o tempo que dura:

— uma semana, com seus 7 dias;

— um mês, com seus 30 dias;

— um ano, com seus 12 meses;

— a vida do aluno, com seus X anos.

Estabelecer com as crianças o "tamanho" da linha que vai valer 6 horas na representação do dia; um dia, na representação da semana; um mês, na representação do ano; um ano na representação da vida do aluno.

Reproduzir esses "tamanhos" num canto da folha escrevendo na frente o seu valor.

Exemplos:

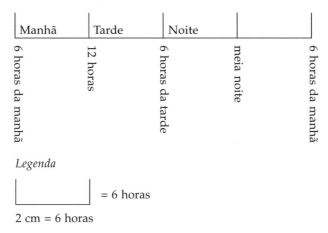

Representação do tempo de vida do aluno

Legenda

| | = 1 ano

1 cm = 1 ano

Informar aos alunos que a legenda é uma "explicação" para se poder ler e entender a linha do tempo. Nas linhas de tempo a legenda explica a quantidade de tempo que uma certa medida representa.

Considerar com os alunos sobre as razões da diminuição do tamanho do espaço representativo da unidade de tempo na representação dos períodos do dia e na representação de cada ano de vida do aluno, é importante para retomar e reforçar a ideia de "representação", de "faz de conta". Explorar com eles, através do desenho na lousa que: se mantivéssemos os 2,0 cm para cada 6 horas, um dia completo (dia mais noite) seria representado por 8 cm e, portanto, um ano por 8 x 365 (2.920 cm = 29,20 m).

A partir desse aprendizado, apresentar pequenas situações-problema para serem resolvidas pelo aluno, como:

— construir a linha do tempo da vida do pai, do irmão menor, de alguém que tenha 24 meses de idade, de alguém que tenha 6 meses;

— ler linhas de tempo representadas pelo professor.

Aqui o professor poderá montar com os alunos linhas do tempo ilustradas com figuras de objetos muito presentes na cultura atual, como o telefone, o computador, automóvel etc.

Ampliação de conceitos

Para retomar e ampliar os conceitos de natureza e cultura, o professor deve estabelecer uma conversa com os alunos sobre o que acontece com a natureza e com a cultura quando é dia e quando é noite.

Para o desenvolvimento desse trabalho conforme nossa concepção de ensino produtivo, algumas alternativas de provocação didática podem ser:

1. relembrar com as crianças que um dia dura 24 horas; que compreendem três partes (manhã, tarde e noite);

    — recordar com elas de que horas até que horas, aproximadamente, vai cada um dos períodos;

    — disponibilizar gravuras de cenas com situações da vida diária e levar as crianças a identificar o que existe de natureza e/ou cultura nelas, e em que período do dia de 24 horas ocorrem.

2. o professor apresentar figuras com cenas da localidade onde a escola se situa para as crianças observarem e classificarem a sua

ocorrência durante o dia ou durante a noite. Suponhamos que em uma escola localizada em cidade se disponha de figuras com cenas tais como: um açougue funcionando; um hospital funcionando, um banco funcionando, uma rua ou praça iluminada.

Neste caso, o açougue e o banco funcionando são situações que ocorrem apenas de dia, já um hospital funciona dia e noite e uma rua ou praça é iluminada apenas à noite. Aqui o professor deve explorar com as crianças os aspectos da natureza (luz do dia, fome, saúde) e da cultura (fazer comida, cuidar da saúde, formas de divertimento, dinheiro) envolvidos nas cenas.

Estas atividades possibilitarão que os alunos se detenham na organização de seu dia-a-dia, e também nas formas de organização da vida urbana nas quais estão mergulhadas, e reflitam, junto com o professor, sobre elas. O mesmo tipo de atividade é possível de ser feito em escolas de zona rural, procedendo-as às devidas adaptações.

3. em escolas urbanas, pedir aos alunos que perguntem aos pais ou responsáveis que serviços, na localidade, abrem só de dia, só de noite, de dia e de noite, e anotem em três colunas no caderno;

— verificar com a classe as informações trazidas e listá-las na lousa;

— combinar com a classe a confecção de cartazes com coisas que só acontecem de dia; coisas que só acontecem de noite; coisas que acontecem dia e noite em nossa cidade;

— solicitar a colaboração de todos da classe para junto com o professor conseguirem figuras (de revista, jornal) dos elementos da lista dentro do prazo de uma semana, diariamente recolhidas pelo professor que, diariamente, lembra os que ainda não trouxeram, que ainda está em tempo para procurar;

— no dia combinado para a construção dos cartazes o professor fixa na lousa três folhas de papel pardo, cada uma com um dos títulos: minha cidade de dia; minha cidade de noite; minha cidade dia e noite;

— chama um aluno por vez para selecionar uma figura e colá-la no cartaz correspondente, fazendo as seguintes provocações didáticas: "Vamos ver como é nossa cidade de dia?"; "E de noite?"; "O que funciona dia e noite?" Em seguida, a cada figura escolhida e direcionada para o cartaz correspondente, solicita à classe: "Está certo? Por quê?".

— finalizada a montagem dos cartazes, o professor continua chamando os alunos para lerem o título do cartaz e fazerem a "leitura" das figuras.

O professor poderá mesmo expor os cartazes para que os alunos escrevam em seus cadernos pequenos textos ou frases sobre os temas dos cartazes.

Na literatura infantil, também é possível encontrar textos que tenham como pano de fundo a vida na cidade (ou a vida no campo conforme a localização da escola) cuja exploração pelo professor junto às crianças se detenha em formas de organização da vida da localidade, de dia e de noite.

Vocabulário: oral e escrito das crianças: globo, mapa-múndi, rotação, meridiano, equador, horas, minutos, dia, noite, manhã, tarde, linha do tempo, século.

Capítulo 7

■ A 4ª série ■

Ideias norteadoras

Recuperando-se a visão do conjunto das 5 séries iniciais do Ensino Fundamental temos que a 4ª série se apresenta como no quadro a seguir.

O eixo do trabalho a ser desenvolvido nesta série é centrado em dois focos: no Espaço nas modalidades, Terrestre em movimento (translação), e no Espaço Brasil e sua divisão política; e no Tempo Histórico (do aluno, da escola, da localidade onde se situa a escola) e sua representação.

Nesta série deve-se prosseguir com o ensino do Espaço Terrestre em movimento, trabalhando simultaneamente com o estudo do movimento de rotação da terra, já iniciado na série anterior, e introduzindo o movimento de translação, a ser agora trabalhado.

Apesar de o espaço terrestre em movimento ser um fenômeno concreto, e portanto seus movimentos possíveis de serem demonstráveis de maneira visível para os alunos, com o recurso de globo, a apreensão da simultaneidade dos dois movimentos, rotação e translação já consiste em maior dificuldade. Todavia, a demonstração da ocorrência simultânea ajuda a percepção e compreensão empírica do fenômeno.

Séries / Nível	1ª série	2ª série	3ª série	4ª série	5ª série
Exploratório (vivências)	– Relações Sociais – Espaço – Tempo – Natureza – Cultura	– Relações Sociais – Tempo Geográfico: dias do mês (cronologia) – Tempo Histórico: hoje, ontem, amanhã, presente, passado, futuro	– Relações Sociais	– Relações Sociais	– Relações Sociais
Específico de série	– Observar paisagens – Nomear elementos componentes das paisagens – Representar o espaço escolar	– Espaço: • divisões: domínios e fronteiras – Representação Espacial – Representação Terrestre • globo • mapa-múndi – Natureza: • água e terra – Cultura: • na água e na terra	– Espaço Terrestre: • orientação: norte, sul, leste, oeste • divisão: continentes e oceanos • movimento de rotação da Terra – Tempo geográfico: • calendário, dia, hora – Tempo histórico: • transformações: natureza e cultura ontem e hoje – Representação temporal: • tempo de curta duração	– Espaço Terrestre: • movimento de translação • divisão política: país • Espaço Brasil • divisão política • Espaço Local • município – Tempo Histórico • pessoa, local, longa duração	– Tempo Histórico e Espaço Geográfico brasileiro ontem e hoje – Etnias formadoras, do povo brasileiro, ontem e hoje
Ampliação	– Deslocamento Espacial Escolar – Relações Sociais Escolares – Vocabulário Oral	– Natureza – Cultura – Espaço – Vocabulário: oral e escrito	– Natureza – Cultura – Espaço – Vocabulário: oral e escrito	– Natureza – Cultura – Espaço – Tempo – Vocabulário: oral e escrito	– Natureza – Cultura – Espaço – Tempo – Vocabulário: oral e escrito

A exposição à simultaneidade dos movimentos terrestres proporciona um melhor conhecimento de nossa moradia, da Terra e serve de base introdutória para os demais conhecimentos de Geografia previstos para o Ensino Fundamental.

Já o pensamento histórico que é preciso desenvolver no decorrer das nove séries do Ensino Fundamental, apoia-se numa compreensão do tempo histórico como "a duração simultânea de um conjunto de usos e costumes inter-relacionados, criado pelo conjunto de seres humanos de determinado lugar e em determinadas circunstâncias, para garantir a sobrevivência". E, enquanto tal, possível de ser transformado, sempre que sintam a necessidade de alterá-lo para melhorar as condições de sobrevivência.

A representação do tempo histórico em que os alunos devem avançar nesta série precisa ser "concretizada", para que possa proporcionar uma iniciação ao tema que faça sentido a crianças desta faixa etária.

No decorrer da 4ª série pretende-se atingir os seguintes objetivos:

1. conhecimento e compreensão do movimento de translação da Terra e suas consequências;
2. introdução à compreensão do tempo histórico e sua representação;
3. construção da linha do tempo da história do Brasil.

Após a organização das relações sociais[1] a serem vividas no decurso do ano letivo (nível exploratório), e mantendo-se sempre o registro sistemático do tempo cronológico (datar diariamente os trabalhos escolares) e do tempo meteorológico (na ficha de registro do tempo), é necessário retomar o trabalho com o espaço terrestre em movimento, já iniciado na 3ª série.

O 1º semestre

O movimento de translação

O trabalho com esse tema deverá se iniciar com a retomada do globo, representando o movimento de rotação, já iniciado na série anterior,

---

1. Ver a respeito p. 78 até p. 88.

sua direção (de oeste para leste), identificação de sua consequência (dia e noite), duração do dia e leitura das horas.

Esta recuperação é necessária para criar uma melhor condição externa para a compreensão da simultaneidade deste movimento com o de translação, que se pretende atingir nesta série.

Feito este trabalho introdutório, poder-se-á dar início ao ensino do movimento de translação da Terra. Um mês aproximadamente será o suficiente para trabalhar este movimento com a classe.

Para iniciar o trabalho, o professor deve desenhar no chão, com giz, o trajeto percorrido pela Terra em torno do Sol (Figura 27).

Duas crianças poderão assumir as posições de Terra e Sol. A "Terra", ao mesmo tempo em que faz o movimento de rotação, deve ir se deslocando em sua órbita em torno do Sol; os alunos experimentarão e vivenciarão, assim, a simultaneidade dos dois movimentos.

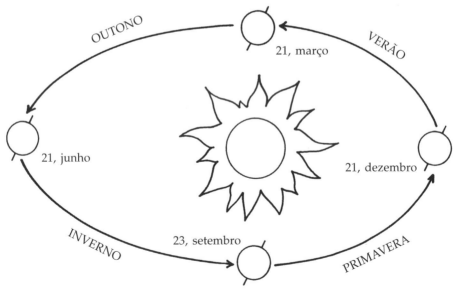

Figura 27

Uma segunda etapa consistirá em colocar o próprio globo ao longo da órbita, imprimir nele o movimento de rotação e, ao mesmo tempo, deslocá-lo ao longo da órbita terrestre.

Informar às crianças:

— que este movimento em torno do Sol se chama movimento de translação;

— que a Terra leva 12 meses, 5 horas e 48 minutos para fazer seu caminho completo em volta do Sol (é importante verificar aqui se os alunos já sabem, na sequência correta, os nomes dos meses do ano e suas respectivas durações. Este é um momento adequado para a fixação desta aprendizagem através de jogos, músicas, utilização do calendário);

— que com este movimento temos as quatro estações do ano:
- a primavera: de 23 de setembro a 20 de dezembro;
- o verão: de 21 de dezembro a 20 de março;
- o outono: de 21 de março a 20 de junho;
- o inverno: de 21 de junho a 22 de setembro.

Os alunos devem:

— conhecer pelo menos uma característica de cada estação;

— reproduzir a Figura 27 no caderno e escrever o nome das estações do ano nos espaços de tempo correspondentes.

A partir deste momento, deverá introduzir na ficha de registro diário e sistemático do tempo meteorológico que se vai fazendo ao longo de todo o ano, no cabeçalho, a indicação da estação, como no exemplo a seguir:

DIA	MÊS MAIO			ESTAÇÃO: OUTONO		
	CHUVOSO	NUBLADO	ENSOLARADO	QUENTE	AMENO	FRIO
1						
2						
3						
ATÉ						
31						

O espaço Brasil e suas divisões

Neste momento, expor o planisfério para a classe, deixando sempre o globo terrestre à vista; para prosseguir com a atividade seguinte, que dará início aos trabalhos com Espaço Brasil e suas divisões.

Para isso é necessário providenciar:

1. um mapa-múndi político (com divisão em países) para expor à classe;
2. uma cópia simplificada do planisfério para os alunos (relembrar aqui que ele representa o globo terrestre desenrolado), contendo apenas os continentes e as grandes ilhas e com o Brasil nele localizado;
3. fazer uma leitura coletiva com a classe do domínio dos continentes e do domínio dos oceanos, destacando o nosso continente e nele, o Brasil;
4. localizar com os alunos no planisfério o domínio do Brasil (nosso país) e orientar que pintem este domínio dentro do continente americano, na folha em que estão trabalhando.

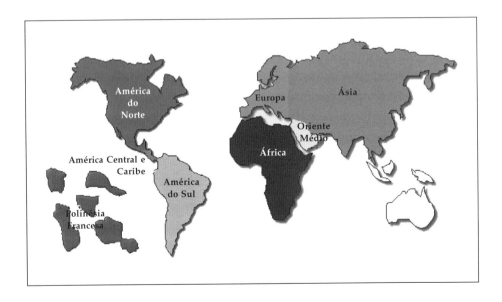

5. Propor então jogos de trajetórias para serem desenvolvidos em pequenos grupos, envolvendo o manuseio do globo e do mapa--múndi. Por exemplo:

— indique o caminho de uma viagem da América à África, passando pelo caminho mais longo;

— indique o caminho de uma viagem da América à Europa, pelo caminho mais curto.

Os exercícios podem ser multiplicados com imaginação e bom senso. Aconselha-se distribuir uma folha mimeografada do mapa-múndi simplificado, com os nomes dos continentes e oceanos; recomendar às crianças que "enrolem" o mapa-múndi dentro da cabeça para que possam responder corretamente às questões. Lembrá-las de que o planisfério é o "globo desenrolado". Para usá-lo corretamente, é preciso enrolá-lo "dentro da cabeça". Encostar uma das laterais do mapa-múndi na outra ajuda a raciocinar corretamente.

6. Quando o aluno conseguir manusear com destreza o globo, indicando os continentes e oceanos com segurança, o professor deverá inserir a ideia de país, sempre ligando-a aos conceitos de domínio e de fronteira.

Para isso, poderá apresentar o mapa do nosso continente, mimeografado, e perguntar se é possível desenhar mais fronteiras dentro dele. Obtida a resposta, o professor pede que desenhem essas novas fronteiras, que contem quantos domínios ficaram e depois pintem esses domínios sem deixar os vizinhos com uma mesma cor.

Em seguida, o professor deve comparar dois ou três mapas das crianças e levá-las a observar que, em cada um, existe um número diferente de domínios. Explicará, então, que o traçado das fronteiras, dentro dos continentes, foi construído por acordos entre os homens. As crianças devem apontar no globo (ou no mapa múndi) as fronteiras existentes dentro dos diferentes continentes. O professor pergunta então: "Essas fronteiras formaram outros domínios dentro do continente?"

É este o momento de introduzir o conceito de "país". O professor explica que cada um desses domínios (pedaços do continente) é o domínio "país".

— Indicar no globo e no mapa-múndi o domínio do nosso país, Brasil.

7. Convidar pequenos grupos de três ou quatro alunos, até atingir a classe toda para:

   — passar a mão dentro do domínio do nosso país;
   — passar o dedo na fronteira do nosso país;
   — apontar os países vizinhos ao nosso;
   — contar quantos países são nossos vizinhos.

8. Distribuir uma folha mimeografada com o continente americano, contendo apenas a divisão em países, para:

   — o aluno pintar o domínio de cada país de uma cor;
   — colocar o nome Brasil no domínio do nosso país;
   — colocar o nome dos países vizinhos do nosso;
   — pintar o domínio do oceano que banha o nosso país;

O professor deve ter em mente que a meta desses exercícios não é a memorização (reprodução) da lista de nomes dos países, mas a compreensão do espaço terrestre, suas divisões e representações, e o desenvolvimento da habilidade de ler as representações espaciais. O importante é entender que há domínios de água e domínios de terra; que os grandes domínios de terra são divididos em domínios menores; que o domínio de terra maior é o continente; que o domínio do Brasil é um pedaço do continente americano.

9. Fazer um jogo de encaixe que consiste em fornecer ao aluno uma folha mimeografada com o mapa do nosso continente dividido em países, cada um a ser pintado de uma cor pelo aluno:

METODOLOGIA DO ENSINO DE HISTÓRIA E GEOGRAFIA

— recortar de uma outra cópia desse mesmo mapa os países que compõem a parte da América do Sul e colocar os recortes dentro de um envelope de carta; os alunos deverão encaixar (colocar) os países nos locais a eles correspondentes no mapa colorido. Esta brincadeira-exercício leva o aluno a se familiarizar com a localização do Brasil no continente americano, além de desenvolver sua observação espacial.

Alcançado este conhecimento é o momento de levar os alunos a observarem o domínio do país Brasil, em um mapa do Brasil em branco distribuído a eles e indagar: "é possível criar outros domínios dentro do Brasil, desenhando fronteiras dentro dele?"

Deixar que as crianças raciocinem e expliquem suas ideias; às que responderem não, pedir que expliquem por quê; às que responderem sim, pedir que desenhem as fronteiras que criam novos domínios, dentro do mapa que receberam e mostrem aos colegas.

O mesmo procedimento adotado para a introdução dos alunos ao conceito de país, desenvolvido anteriormente nos itens de n° 6 a 9, deverá ser agora observado para a introdução aos conceitos de estado e de município.

Atividades em que os alunos:

— contem e anotem quantos estados existem dentro do domínio do país Brasil, em mapa exposto na classe;

— pintem, em uma folha xerografada com o mapa do Brasil dividido em estados, o estado em que a escola se situa, após identificá-lo em mapa do Brasil com divisão em estados, exposto na classe;

— escrevam dentro dos estados vizinhos ao seu os respectivos nomes, observando o mapa exposto na classe;

ajudam na compreensão dos conceitos em desenvolvimento.

Em todo esse trabalho não há preocupação com a reprodução de contornos do país, de estado ou de município, mas apenas a meta de proporcionar aos alunos:

— a observação do Brasil "dentro" do continente americano;
— a observação do estado dentro do país;
— a observação do município dentro do estado;
— a possibilidade de identificar o Brasil, o seu estado, o seu município, quando confrontados com mapas.

Representar cada um dos domínios — continente, país, estado, município — em rodelas de diferentes tamanhos, como as da Figura 28, pode ajudar a percepção de que domínio está dentro de outro.

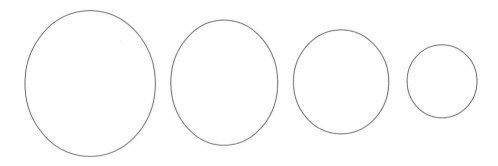

Figura 28

O jogo de encaixe, ou de superposição a se proceder com as rodelas consiste no seguinte:
— desenhar na lousa os círculos da Figura 28;
— distribuir a cada aluno: a) um conjunto de quatro círculos de cartolina iguais ao da Figura 28; b) um mapa-múndi xerografado com os continentes, tendo o continente americano dividido em países, o Brasil dividido em estados e com a indicação do município onde a escola se situa;
— propor à classe o seguinte problema: "quero representar (fazer de conta) nosso continente — o continente americano — com

METODOLOGIA DO ENSINO DE HISTÓRIA E GEOGRAFIA

um desses círculos. Qual devo escolher?" Solicitar que observem o mapa-mundi que têm em mãos para responder, e dar um tempo para essa observação;

— vencido o tempo concedido, solicitar que levantem na mão o círculo que pode representar o continente americano. O professor verifica as respostas e leva os alunos a se certificarem da correção, reencaminhando-os à observação do planisfério, indagando: "O continente americano é maior ou menor que o nosso país? E do que o nosso estado? E do que o nosso município? Aguarda as respostas e ajuda-os na observação comparativa, quando necessário;

— pede então: a) que cada aluno levante na mão o círculo que pode representar o continente americano e procede à correção quando necessário; b) que escrevam na beiradinha do círculo, como fará na lousa, CONTINENTE AMERICANO (Figura 29);

— repetir o procedimento anterior para o domínios — país, estado, município. (Figura 29)

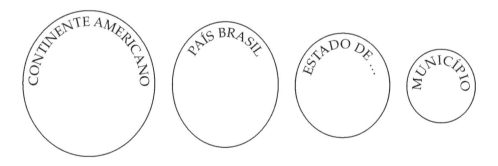

Figura 29

Ao final do jogo os círculos deverão ser fixados um dentro do outro, de maneira concêntrica, o que permitirá visualizar as inscrições (Figura 30) e perceber a relação de inclusão entre os diferentes domínios.

Figura 30

Quando o professor estiver trabalhando com a divisão em estados é importante contar com os alunos quantos estados existem dentro do Brasil em mapa exposto à classe, para que não percam a noção de que existem numerosos estados. O mesmo cuidado deverá ser tomado com o trabalho com município, expondo à classe um mapa do estado dividido em municípios.

Os círculos concêntricos dos alunos são um importante material didático para consulta do aluno para resolução de questões posteriores sobre o tema.

Concluído o trabalho anterior, é oportuno localizar no mapa do Brasil:

— A capital do país, destacando o Distrito Federal;

— A capital do estado onde a escola se situa.

Chegamos agora ao momento adequado para ir da representação à realidade, explorando o município da localidade onde a escola se situa.

Algumas atividades propiciam explorar o município real onde a escola se situa, tais como:

1. convidar as crianças para:
   — escreverem no caderno o nome do município;
   — observarem e anotarem a natureza feita de terra e de água na região do município onde a escola se localiza (zona rural ou zona urbana); essa observação poderá ser feita nos caminhos da criança e/ou em pequenos percursos feitos com o professor, pela cidade ou pelo campo, conforme a localização da escola;
   — anteriormente, em classe deverá ser preparado um roteiro de observações a serem registradas durante o passeio, sobre elementos da natureza e da cultura encontrados;
   — atividade semelhante deverá ser realizada na parte do município em que a escola não se situa (se a escola for urbana, visitar a zona rural: um sítio ou fazenda: e se a escola for rural, visitar a cidade;
   — na volta de cada visita, organizar com os alunos dois cartazes com os elementos da natureza e da cultura encontrados em cada um dos dois ambientes. Quando for possível dispor de máquinas fotográficas e/ou de filmadoras, recomenda-se também que os elementos observados sejam registrados com elas;
   — isto feito, é importante que o professor converse com as crianças, a partir dos cartazes organizados, sobre as semelhanças e diferenças encontradas nos dois ambientes;
   — pedir que descrevam o que viram na natureza feita de terra e de água; rios e lagos (limpos ou com lixo), montanhas, terra coberta de vegetação, ou sem vegetação, com plantações, serão fenômenos mais frequentes.

Abre-se, então, a oportunidade de retomada de conceitos de natureza e cultura, em nível de ampliação.

Suponhamos que haja na vila, cidade ou fazenda onde a escola se localiza um lago natural observado pelas crianças. Os passos a seguir são:

- colocar as perguntas: o que é lago? Lago é natureza ou cultura? Como é a sua água? Ela se mexe? O que faz a água do lago se mexer? Em situação de observação direta do fenômeno local existente, ou, se isso não for possível, evocando as experiências que já tenham com o fenômeno e/ou utilizando representações (figuras, slides, vídeos, desenho na lousa etc.);
- aguardar as respostas, acolhê-las e trabalhá-las no sentido do ensino produtivo e não-reprodutivo;
- registrar as respostas alcançadas a cada dia de diferentes formas (escrevendo, desenhando, fazendo colagens no caderno, fazendo maquetes com massinhas, conforme os recursos disponíveis);
- informar as crianças que o rio é formado de "água doce" enquanto o mar e o oceano são de "água salgada";
- esclarecer que "água doce", de que se fala aqui, não é "água com açúcar"; é o nome que se dá à água da natureza quando ela não tem sal, como acontece com a água do mar. Assim, a água da chuva chama-se "água doce"; a água de um rio chama-se "água doce".

A inexistência de mar ou de rios, por exemplo, no local, não impede que tais fenômenos sejam trabalhados. Depois de explorados os elementos encontrados, será necessário apenas perguntar: "Quem já viu o mar ou o rio?".

Nos dias atuais, é quase certo que os alunos tenham esse conhecimento — por intermédio, por exemplo, da televisão. Caso isso não ocorra, não será difícil recorrer a figuras de revistas, fotografias, cartões-postais, e ir acrescentando as informações que não puderem ser extraídas das figuras (água doce, tipo de movimento).

Jogos corporais coletivos, representando forma, tamanho e movimento de rios, lagos, mar e oceanos são brincadeiras-exercício muito estimulantes para a aprendizagem. Note-se que rio, mar e oceano têm movimentos próprios. O movimento do lago é provocado pelo vento.

No trabalho com a natureza feita de terra, o professor deverá adotar os mesmos procedimentos do trabalho com a natureza feita de água.

O 2º semestre: representação do tempo histórico

O início do trabalho com o tempo como duração e sua representação na 4ª série deve começar com a retomada dos trabalhos já realizados na 3ª série, a partir de questões para os alunos como:

— Quantos anos você tem?

— Quantos anos tem sua mãe? E seus irmãos? Quem é o mais velho? E o mais novo?

— Como podemos representar o seu tempo de vida? E o de seu irmão mais novo? E o de sua mãe? Se o tempo não é um objeto que se possa fotografar ou fazer uma "estátua" como fazemos para representar a Terra, como podemos representá-lo?

Depois de ouvir as elaborações das crianças a respeito, o professor deve problematizar as que julgar necessário e acatar as que forem procedentes. As provocações a serem feitas deverão ser no sentido de se alcançar a conclusão de que é possível "fazer de conta" que uma linha como a seguinte _____ represente o tempo (faça de conta que é o tempo).

Este é o momento para convidar os alunos para a construção de linhas do tempo de suas vidas, com o seguinte procedimento:

— vamos construir a nossa linha do tempo: cada um vai fazer uma linha em seu caderno com o número de centímetros igual ao número de anos de vida que tem;

— vamos marcar na linha cada centímetro; é importante que o professor desenhe também na lousa uma linha para a idade esperada para alunos de 4ª série (9 anos) e marque, usando régua, um centímetro para cada ano;

— informar que cada risquinho de 1 cm corresponde a 1 ano;

— no final da linha escrever o ano atual: neste momento é interessante provocar as crianças para descobrirem o ano do começo da linha;

— contar oralmente e em sequência do começo ao fim da linha, junto com os alunos a quantidade de anos que a compõem;

— orientar então a construir uma legenda (explicação do desenho), indicando que "1 centímetro" vale como se fosse 1 ano (representa um ano), como na Figura 31.

Com essa orientação, os alunos chegarão a uma linha semelhante à da Figura 31.

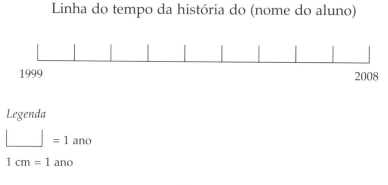

Figura 31

— agora, convidar os alunos a lembrar as coisas importantes que aconteceram na vida de cada um, para marcarem na linha do tempo, como: "Com quantos anos começou a andar? E a falar? Com que idade foi para a escola? Ganhou um irmãozinho? Veio morar nessa cidade? Fez uma viagem gostosa de férias para onde?"

Provavelmente, as crianças não saberão responder todas essas perguntas. Deverão então copiar as perguntas da lousa para serem encaminhadas aos pais ou responsáveis; anotar as respostas em seus cadernos e trazer para a escola, para construírem a linha do tempo de sua história de vida (Figura 32).

O professor solicita que façam uma reta com o número de centímetros igual ao número de anos de vida. Se João tem 9 anos, vai fazer uma reta de 9 centímetros. Se Maria tem 10 anos, vai fazer de 10 centímetros.

METODOLOGIA DO ENSINO DE HISTÓRIA E GEOGRAFIA

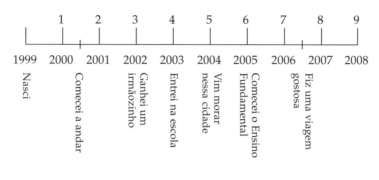

Legenda

☐ = 1 ano

1 cm = 1 ano

Figura 32

Tendo os alunos construído e compreendido a linha do tempo de sua própria história, o professor vai prepará-los para lidar com linhas do tempo histórico de longa duração, como, por exemplo, o da História do Brasil.

Representação temporal da História do Brasil

A questão "quantos anos tem o Brasil?" poderá ser a primeira provocação. Em todas as séries, no dia do "aniversário" do Brasil se fez uma referência ao fato, destacando-o e marcando-o de alguma maneira. É possível, assim, que os alunos já tenham guardado a data de chegada dos portugueses no Brasil. Caso contrário, o professor deve fornecer-lhes essa data e pedir que façam a conta para responder à pergunta.

Em seguida, coloca-se o problema da representação da História do Brasil numa linha de tempo.

Se formos representar cada ano na linha com um centímetro, qual será o comprimento dessa linha? Caberá no caderno? Como poderemos fazer para representar o tempo da história do Brasil?

Fala-se então com as crianças a respeito de contagem do tempo em séculos (conjunto de 100 anos).

Sobre este assunto é necessário garantir a aprendizagem:

— da duração de um século;

— da data de início e fim de cada século;

— da utilização de algarismos romanos para a identificação numérica dos séculos.

Será interessante organizar com os alunos uma lista de séculos a partir do descobrimento do Brasil, para facilitar a apreensão da regra que orienta essa contagem. Vejamos:

O Brasil foi descoberto no:

Ano	Século
1500	XV

Informa-se que no ano de 1501 começou o século XVI, que termina no ano de 1600. Pergunta-se, então: o Brasil foi descoberto no início ou no fim do século XV?

Aguardar as respostas. Mesmo que venham corretas, fazer o convite: "Vamos conferir se está correta?"

Século	*Início*		*Fim*
XVI	1501	a	1600
XVII	1601	a	1700
XVIII	1701	a	1800
XIX	1801	a	1900
XX	1901	a	2000
XXI	2001	a	2100
XXII	2101	a	2200

Neste ponto, o professor solicita às crianças que coloquem na lista o século XV, com o ano de início e fim, verificando então se o Brasil foi descoberto no início ou no final do século.

Para maior domínio do assunto, o professor deve apresentar a data de nascimento e/ou morte (quando for o caso) de personagens famosas da localidade, do país ou do mundo, perguntando aos alunos em que *século ou séculos* viveram. Outro tipo de exercício, com a mesma finalidade, consiste em localizar no *século* correspondente os principais acontecimentos históricos do País ou do mundo, e as invenções e descobertas importantes da cultura.

As crianças são detalhistas, e muitas vezes chegam a indagar em que dia, mês, ano e hora inicia e acaba cada *século*. Se isto ocorrer, não há por que não lidar com o assunto. Basta pedir que completem a lista dos *séculos com* as respostas dadas às seguintes perguntas:

— em que dia e mês começa cada ano?

— em que dia e mês termina cada ano?

Século	Início		Fim
XV	1º/1/1501	a	31/12/1600 etc.

Agora é o momento de os alunos resolverem a questão: quantos séculos tem a História do Brasil?

Isto feito, constrói-se a linha do tempo da História do Brasil em séculos. O professor faz o registro na lousa, sendo acompanhado pelos alunos em seus cadernos.

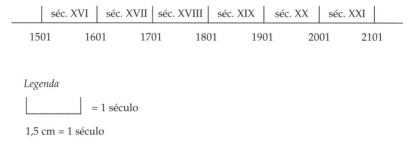

Figura 33

Apreendida a representação da linha do tempo da História do Brasil, o professor poderá provocar os alunos sobre a história da localidade onde se situa a escola:

1. Quem sabe quando começou a história da localidade (cidade, vila ou fazenda)?
2. Que acontecimentos importantes marcaram a vida da localidade?

Após recolher as respostas dos alunos, o professor pode distribuir um pequeno texto sobre essa história e, junto com os alunos, construir uma linha do tempo da história da localidade.

Ampliação e aprofundamento de conceitos

Dando início à retomada e ampliação de conceitos já trabalhados, o professor pode propor aos alunos que:

1. Localizem no calendário os dias de mudança das estações do ano:
   — se possível, pintem todos os dias do período de cada estação, combinando uma cor para cada uma delas que mais represente a característica predominante;
   — organizem cartazes sobre a natureza em cada uma das estações do ano, com figuras distribuídas pelo professor e classificadas por estações do ano, pelos alunos;
   — organizem cartazes sobre a cultura em cada uma das estações do ano (começando pela estação presente):
     • do que é bom brincar nesta estação? e no verão? E na primavera? etc.
     • com que roupa é bom andar vestido no inverno? E no verão? etc.
2. Observar hábitos da vida animal nas diferentes estações do ano costuma ser muito do agrado das crianças. Recorrer à exibição de vídeos em escolas onde este recurso estiver disponível constitui interessante atividade preparatória para o desenvolvimen-

to da linguagem oral das crianças, em comentários a serem feitos após a exibição e com orientação do professor:

— Do que mais gostaram?

— Alguém já viu esse bicho de perto? Quando? Onde? Vamos descobrir em que países ele vive? Aqui o professor pode consultar na classe uma enciclopédia e pedir que os alunos anotem no caderno, sob o título "Onde vive o (nome do animal focalizado)", o nome dos países que habitam. O próximo passo é marcarem esses países em um mapa-múndi xerocado.

Este procedimento pode ser preparatório para propor às crianças a redação de um parágrafo ou de um pequeno texto sobre o animal focalizado.

Também na literatura infantil o professor poderá encontrar histórias com descrições de ambientes que permitam explorar com as crianças em que estação do ano ou período do dia ocorrem as cenas descritas.

3. Com a meta de propiciar a construção mais precisa de conceitos referentes aos fenômenos da "natureza feita de água" e da "natureza feita de terra", cujos nomes podem ser, alguns deles, palavras que já componham o vocabulário das crianças, ainda não acompanhadas das corretas noções que as distinguem umas das outras, perguntar às crianças "O que é?" cada um dos seguintes fenômenos da natureza: montanha, morro, planalto, planície, rio, lago, mar, oceano. Aqui trabalhar primeiro com um bloco de fenômenos e depois com outro.

É preciso ter sempre o cuidado de começar pelos observados por elas e de expor figuras, ou fotos, ou vídeos daqueles não existentes no local para os demais, acolher e comentar as respostas obtidas, até chegar às seguintes ideias e registrá-las por escrito no caderno:

— Rio: água doce, que corre em direção ao mar ou a outro rio, com movimento próprio.

— Lago: água doce, sem movimento próprio, cercada de terra.

- Oceano: grande quantidade de água salgada, com movimento próprio em forma de ondas.
- Mar: parte do oceano, próxima da praia.
- Montanha: uma grande elevação de terra.
- Planalto: uma grande extensão de terra, plana e alta em relação ao nível do mar na praia.
- Planície: uma grande extensão de terra, plana e baixa em relação ao nível do mar na praia.

Os conceitos de planície e planalto ganham sentido em relação ao nível do mar. Como essa explicação no plano teórico seria inadequada às prováveis condições internas de aprendizagem dos alunos em início do Ensino Fundamental, será necessário recorrer a desenhos, como os das Figuras 34 e 35.

O importante nesta fase de ampliação desses conceitos é garantir a sua "compreensão relacional" no plano visual, de imagem, e não no plano teórico.

A construção de maquetes com massinha, barro comum ou argila é uma atividade muito propícia para o desenvolvimento desta aprendizagem.

Vocabulário: os conceitos trabalhados nesta série permitem a inclusão no vocabulário oral e escrito das crianças, das palavras: rio, lago, oceano, mar, montanha, planalto, planície, translação, primavera, verão, outono, inverno, século, país, estado, município.

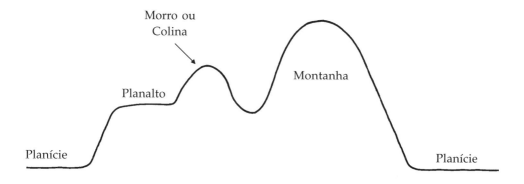

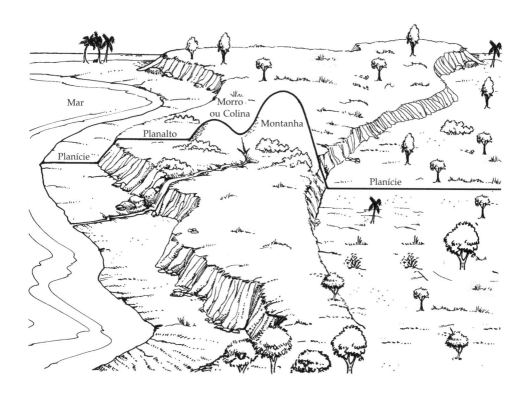

Figura 34

1. Planície   4. Montanha   7. Planalto
2. Oceano   5. Morro ou colina   8. Planície
3. Mar   6. Morro ou colina

Figura 35

Capítulo 8

■ A 5ª série ■

Ideias norteadoras

Localizando a 5ª série no conjunto das cinco séries iniciais do Ensino Fundamental, temos que ela se apresenta como no quadro a seguir.

O trabalho a ser desenvolvido nesta série deve: proporcionar a iniciação dos alunos no deslocamento ao longo do tempo histórico brasileiro; dar início à imersão dos alunos em nossa história, lidando com a cultura dos povos formadores da população brasileira nos primórdios do Brasil e hoje.

Na concepção do ensino produtivo aqui adotado, o que se pretende é que os conceitos da estrutura conceitual básica da área de Ciências Humanas até aqui desenvolvidas sejam os instrumentos cognitivos utilizados no tratamento dos fatos focalizados pelos alunos, com a orientação do professor.

Está completamente descartada a "memorização dos fatos". O que se pretende é a compreensão deles e a busca de seu significado para a cultura brasileira. Tal compreensão garantirá a incorporação dos fatos significativos que possam fundamentar a conduta cidadã que pretendemos formar em nossos alunos.

Séries / Nível	1ª série	2ª série	3ª série	4ª série	5ª série
Exploratório (vivências)	– Relações Sociais – Espaço – Tempo – Natureza – Cultura	– Relações Sociais – Tempo Geográfico: dias do mês (cronologia) – Tempo Histórico: hoje, ontem, amanhã, presente, passado, futuro	– Relações Sociais	– Relações Sociais	– Relações Sociais
Específico de série	– Observar paisagens – Nomear elementos componentes das paisagens – Representar o espaço escolar	– Espaço: • divisões: domínios e fronteiras – Representação Espacial – Representação Terrestre • globo • mapa-múndi – Natureza: • água e terra – Cultura: • na água e na terra	– Espaço Terrestre: • orientação: norte, sul, leste, oeste • divisão: continentes e oceanos • movimento de rotação da Terra – Tempo geográfico: • calendário, dia, hora – Tempo histórico: • transformações: natureza e cultura ontem e hoje – Representação temporal: • tempo de curta duração	– Espaço Terrestre: • movimento de translação • divisão política: país – Espaço Brasil • divisão política – Espaço Local • município – Tempo Histórico • pessoa, local, longa duração	– Tempo Histórico e Espaço Geográfico brasileiro ontem e hoje – Etnias formadoras do povo brasileiro, ontem e hoje
Ampliação	– Deslocamento Espacial Escolar – Relações Sociais Escolares – Vocabulário Oral	– Natureza – Cultura – Espaço – Vocabulário: oral e escrito	– Natureza – Cultura – Espaço – Vocabulário: oral e escrito	– Natureza – Cultura – Espaço – Tempo – Vocabulário: oral e escrito	– Natureza – Cultura – Espaço – Tempo – Vocabulário: oral e escrito

No decorrer da 5ª série, pretende-se atingir os seguintes objetivos:
— construção da linha do tempo da História do Brasil;
— utilização da estrutura conceitual básica na compreensão da cultura indígena na época da chegada do europeu colonizador e hoje;
— utilização da estrutura conceitual básica na compreensão da cultura do europeu colonizador na época da chegada do colonizador e hoje;
— utilização da estrutura conceitual básica na compreensão da cultura africana dos escravos e dos afrodescendentes hoje.

A apreensão da simultaneidade de usos e costumes inter-relacionados, formando um conjunto histórico, é algo que supõe *condições internas de aprendizagem* facilitadoras, propiciadoras desse desenvolvimento ao longo das nove séries do Ensino Fundamental e até por mais tempo. Isso coloca como exigência a criação de *condições externas de aprendizagem* que propiciarão este desenvolvimento a ser alcançado pelas condições internas.

É nesse sentido que deverá ser conduzido o trabalho na 5ª série.

Após a organização das relações sociais[1] a serem vividas no decurso do ano letivo (nível exploratório), e mantendo-se sempre o registro sistemático do tempo cronológico (datar diariamente os trabalhos escolares) e meteorológico (com o preenchimento da ficha mensal), é necessário retomar o trabalho com o tempo como duração e com a representação temporal da História do Brasil já iniciado na série anterior.

Então, durante toda a 5ª série os fatos históricos a serem apresentados aos alunos são a matéria-prima com a qual trabalharão usando os instrumentos conceituais básicos até aqui desenvolvidos — espaço, natureza, cultura, tempo, relações sociais — e todos os recursos da área das ciências humanas, como mapas e globo.

Portanto, o ensino de História e Geografia na 5ª série constitui-se em nível de ampliação de aprendizagens. E o deslocamento temporal

---

1. Ver a respeito p. 78-88.

proposto — um ir e vir constante dos primórdios do Brasil para o Brasil hoje — uma provocação introdutória às questões da História e Geografia a serem aprofundadas ao longo do Ensino Fundamental e propiciadoras de constatações empíricas de permanências e mudanças nos modos dos seres humanos se relacionarem entre si e com a natureza, produzindo e/ou destruindo a cultura.

Quando do início desse trabalho, o professor retoma na lousa a linha do tempo da História do Brasil com os dados já anteriormente utilizados: séculos de duração, data de início, no que deverá ser acompanhado pelos alunos no caderno.

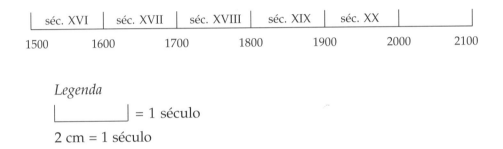

Figura 36

O professor, tendo se certificado do aprendizado da representação do tempo histórico do Brasil pelos alunos, indaga: "Mas esta terra a que os portugueses chegaram em 22 de abril de 1500 não existia antes deles aqui chegarem?".

Aguardar as respostas, problematizar as que requerem exploração ou acerto, aproveitar as que forem procedentes e encaminhar a conversação, até concluir com a classe que a História do Brasil é representada assim porque o conhecimento sobre a vida aqui, antes da chegada dos portugueses, foi construído:

— com o contato que tiveram com os índios, do que viam, presenciavam e participavam, e através do que os índios contavam,

uma vez que não tinham escrita e, assim, não havia nada registrado de sua existência antes da chegada dos portugueses;
— com as pesquisas que são feitas até hoje pelos cientistas estudiosos destes assuntos.

Hoje já sabemos muitas coisas interessantes a respeito dos primeiros moradores de nossa terra, que nos ajudam a compreender:
— o modo de vida daqueles índios que sobrevivem até hoje;
— o que aconteceu com eles ao longo do tempo, no encontro com o colonizador europeu;
— o que é preciso fazer, daqui para diante, para que sejam respeitados como seres humanos, como índios e como brasileiros que são.

Feitas essas considerações, é preciso dar início às provocações didáticas que propiciem o deslocamento cognitivo de nossos alunos ao longo do tempo de nossa história e do espaço geográfico onde ela ocorre.

O 1º semestre

Os indígenas: localização e cultura

Onde se localizavam os índios quando os portugueses aqui chegaram é o primeiro passo para se retomar a representação espacial do Brasil com os alunos.

A distribuição espacial dos indígenas na época do descobrimento e as atuais reservas indígenas podem ser encontradas em representações de Atlas Geográficos, tais como o de Maria Elena Simielli e em mapas produzidos pelo IBGE.

Também em livro organizado por Luis Donisete B. Grupione para a Secretaria Municipal de Cultura de São Paulo, o professor encontra no texto "As terras indígenas no Brasil", de autoria de Lux B. Vidal, importantes informações sobre a extensão e número de áreas indígenas em 1992.

À leitura desses mapas deve suceder-se uma exploração do professor a respeito de informações que os alunos têm sobre os indígenas:

— Alguém conhece um índio brasileiro?

— Como conheceu? Pessoalmente? Pela TV? Em filmes? etc.

— O que sabem da vida deles?

A partir daí dessa conversa, o professor se situará no conhecimento dos alunos sobre os indígenas, identificando preconceitos próprios do senso comum, farta e erroneamente divulgados pelos meios de comunicação, e com lamentável frequência por muitos livros didáticos.

Neste momento da 5ª série, um estudo da cultura indígena é necessário. Em escolas situadas em regiões próximas a reservas indígenas, é importante que o professor convide um representante da comunidade indígena para vir falar de sua cultura aos alunos. O professor deve se certificar a respeito da correção das fontes de informações a serem trabalhadas pelos alunos.

O livro organizado por Aracy Lopes da Silva[2] apresenta, em sua segunda parte, "Propostas", textos sobre a cultura indígena adequados para a leitura das crianças, tais como: "Uma questão de atitude", "O que é uma sociedade indígena", "A questão indígena diz respeito a todos nós", "Sociedades indígenas e sociedade nacional do Brasil", "Conhecendo as sociedades indígenas", "O espaço da criança na comunidade indígena".

Também no livro de José Américo Peret[3] é possível encontrar textos interessantes sobre atividades desenvolvidas pelos índios, seus utensílios e armas; embarcações; instrumentos musicais; a rotina diária; seus costumes; suas crianças.

---

2. Silva, Aracy Lopes da. *O índio na sala de aula*. São Paulo: Brasiliense, 1987. Além dos textos citados, são também interessantes para as crianças: "Brasil? Ainda não", "Todos são donos das riquezas", "Por que todos são iguais?", "Uma brincadeira gostosa", "Ser índio é ser generoso".

3. Peret, José Américo. *População indígena brasileira*. Rio de Janeiro: INL/MEC/Civilização Brasileira, 1975.

A seleção dos textos deve ser rigorosa, principalmente no que diz respeito à identificação de estereótipos sobre os índios, com frequência veiculados nos livros didáticos e/ou paradidáticos, como nas lendas e mitos indígenas reproduzidos pela literatura infantil e que têm garantido, muitos deles, a perpetuação de ideias errôneas sobre a cultura destes grupos humanos, tais como:

— o índio é indolente e preguiçoso;

— o índio é ladrão;

— o índio é selvagem.

Essas ideias encontram suas raízes em visões etnocêntricas de colonizadores apenas interessados na exploração econômica do índio, que simplesmente ignoram o fato de estarem diante de outra cultura, com o modo de vida, de trabalho, de produção, de uso e distribuição de bens regidos por uma organização diferente.

A insubmissão à escravidão imposta pelo branco, o uso de canoas deixadas pelos colonizadores europeus às margens dos rios, como faziam com as suas, de uso coletivo, a adoção de soluções diferentes para as questões da sobrevivência, valeram aos indígenas a pecha da preguiça, ladroagem, selvageria, entre outras.

No livro *História da sociedade brasileira*,[4] o professor da 5ª série encontra, na Unidade I, "Pindorama", texto bastante esclarecedor a respeito do significado do descobrimento para as populações nativas.

Importantes informações sobre o assunto para o professor de 5ª série podem ser encontradas no livro organizado por Aracy Lopes da Silva (já citado), em sua primeira parte, onde diferentes autores analisam as deturpações frequentemente feitas. No artigo de Antonio Hohfedt, "A vertente indianista da literatura brasileira", além da interessante análise feita sobre o assunto, encontramos uma pequena e valiosa indicação bibliográfica sobre textos de literatura para crianças e jovens.

---

4. Alencar, Francisco e outros. *História da sociedade brasileira*. Rio de Janeiro: Ao Livro Técnico, 1979.

Com as crianças, a meta é conseguir chegar, através das leituras, ao conhecimento da cultura criada por grupos humanos indígenas, diferentes da cultura dos grupos humanos não-indígenas.

As dramatizações dos textos lidos oferecem uma boa oportunidade para o professor observar com os alunos possíveis apreensões etnocêntricas da cultura indígena, convidando-os à correção quando for o caso, através da própria dramatização.

A elaboração de cartazes, feitos com desenhos ou gravuras de revistas, sobre alimentação, moradia, adornos, proteção do corpo, religião, trabalho dos homens e das mulheres, cuidados com a saúde, educação, constitui um meio interessante de concretizar traços da cultura indígena.

Visita a museus com peças da cultura indígena, onde isto for possível, é atividade muito rica, cuja orientação deve envolver:

— um roteiro para registro das observações feitas: o que viu? (nome e descrição da peça observada); para que serve?

— uma conversa em classe sobre as observações feitas, as impressões experimentadas, as dúvidas, as conclusões tiradas.

Se o professor julgar oportuno, tal visita poderá culminar com uma redação feita em classe sobre o tema: "O que aprendemos sobre a cultura indígena na visita ao museu".

Entrevistar algum índio (onde for possível) ou descendente de primeira geração é atividade muito importante a ser executada pelas crianças, para perceberem como eles veem hoje a sua própria História.

O primeiro cuidado consistirá na montagem do roteiro da entrevista. Este trabalho deverá se basear em um levantamento das perguntas que as crianças gostariam de fazer ao índio (ou descendente).

Caberá ao professor ajudá-las a completar o roteiro, de modo que não falte solicitação de dados sobre a identidade pessoal, social e de história de vida do entrevistado.

A leitura com os alunos de notícias de jornal sobre acontecimentos atuais que envolvam nossos índios, acompanhada de problematizações apresentadas pelo professor ajudam a perceber relações sociais deles com a sociedade brasileira hoje.

Um exercício interessante poderá ser feito a partir da proposta: "Vamos passar um dia como índios?" Isso exigirá combinações prévias:

— sobre o que farão como índios ao longo dessa vivência: brincarão? Tomarão conta das crianças? Pescarão? Farão coleta? Caçarão? Dançarão? Comerão? etc.

— que alunos "farão de conta" que são os índios adultos;

— que alunas "farão de conta" que são as índias adultas;

— que alunas "farão de conta" que são as meninas;

— que alunos "farão de conta" que são os meninos;

— o professor poderá fazer o papel de uma índia adulta ou idosa;

— como se prepararão para a brincadeira: o que farão, onde será (na classe, no pátio, em ambos); como deverão arrumar o espaço a ser usado para a brincadeira, que material precisará ser providenciado etc.

A realização deste exercício criará certamente a necessidade de consulta a informações verídicas que poderão ser encontradas nos livros indicados anteriormente.

Uma outra atividade, em escolas situadas próximas a alguma reserva indígena, é levar os alunos (sempre com o consentimento escrito dos pais) para uma visita previamente combinada pelo professor com um representante da aldeia. Além da orientação para entrevista, cabe aqui um cuidadoso preparo das crianças para o encontro com um modo de vida diferente do deles e para com o respeito à diferença. Combinar normas do comportamento a ser observado por todos na aldeia é indispensável: atenção a atitudes recomendáveis (colocações de lixo, necessidade de ir ao banheiro, atenção às explicações, cumprimento no início e agradecimentos na saída etc.) precisam ser previstas.

Combinar com esse representante o que seria interessante apresentar aos alunos é um cuidado precioso para uma visita bem-sucedida.

O colonizador: localização e cultura

Aonde, no Brasil, chegou o colonizador português em 1500? De onde ele veio? Como veio? O que vieram fazer aqui?

Essas são provocações a serem feitas aos alunos pelo professor, que deverá:

1. retomar o mapa-múndi político (dividido em países) e expor para a classe;

2. solicitar aos alunos que localizem Portugal no Continente Europeu e o Brasil no Continente Americano;

3. indicar Portugal, de onde os portugueses saíram, e Porto Seguro (Bahia) no Brasil, aonde chegaram pela primeira vez;

4. solicitar que verifiquem no mapa o que separava Portugal do Brasil, acolher as respostas, problematizar o que for necessário, até chegar à identificação do Oceano Atlântico;

5. distribuir à classe um mapa-múndi simplificado contendo apenas Portugal no Continente Europeu, o Brasil no Continente Americano, e pedir que tracem o caminho da esquadra de Pedro Álvares Cabral de Lisboa até Porto Seguro, no estado da Bahia.

Isto feito, é preciso que o professor reconstitua o "clima de época", em que viagens pelos oceanos (profundos e desconhecidos) constituíam grande risco de vida, em que os perigos previsíveis, aliados ao desconhecimento e a recursos técnicos ainda incipientes (por exemplo, caravelas movidas a vento) geraram lendas apavorantes, como a que dizia que seres misteriosos como as sereias (metade mulher, metade peixe) surgiam da profundeza dos oceanos na superfície das águas, entoando canções muito melodiosas que "encantavam" os navegantes que, enlouquecidos, se atiravam às águas e morriam afogados.

Isto feito é o momento propício de "dar asas à imaginação" das crianças com a problematização:

— Como são os navios que viajam do Brasil a Portugal hoje? Fazer um cartaz com figuras de caravelas de 1500 e navios de hoje é exercício elucidante.

— Será que viajar pelos oceanos naquela época era a mesma coisa do que fazer viagens espaciais hoje? Quem de vocês se vivesse naquela época teria coragem de fazer aquela viagem? Acolher tanto as respostas afirmativas quanto as negativas.

— E hoje, quem de vocês teria coragem de fazer uma viagem até a Lua, em um foguete espacial? Por quê? Por que vocês acham que hoje em diferentes países os seres humanos estão fazendo as viagens pelo espaço?

Acolher as respostas e fazer a seguinte provocação:

— Então, o que vocês acham que fez os portugueses se aventurarem, naquela época, em uma viagem tão perigosa?

Acolher as respostas e pedir às crianças que observem o tamanho de Portugal no mapa-múndi, comparado aos demais países europeus para responderem à questão: Portugal era um grande reino ou um pequeno reino? Como poderia expandir os seus territórios?

Esta é a oportunidade para o professor comentar o interesse do povo português pelas viagens e registrar ainda, no mesmo mapa-múndi, as viagens de Bartolomeu Dias dobrando o Cabo da Esperança ao sul do continente africano, em 1498, de Vasco da Gama chegando às Índias em 1498, e de Fernão Magalhães (circum-navegação da Terra), passando do Oceano Atlântico para o Oceano Pacífico, ao sul do continente americano, pelo estreito que leva seu nome, em 1520, situando essas viagens no mapa e as crianças no espírito da época. Retoma-se então o trabalho com o espaço no nível de aprofundamento e insere-se o descobrimento do Brasil no contexto das viagens e descobrimentos da época, norteados por interesses econômicos.

Leituras interessantes para o professor a respeito da vida do homem branco que aqui chegou encontram-se na obra já citada de Aracy Lopes da Silva, nos textos: "A Europa do século XV: um mundo diferente", "Nobres infelizes: o comércio renasceu", "O comércio externo: um negócio da China", "Um grande problema para os europeus: encontrar um novo caminho para as Índias", "A navegação no Oceano Atlântico: um risco que vale a pena", "O desejo de lucro supera o medo", "Os portugueses chegam ao Oriente", "As terras divididas", "Povos estranhos chegam às terras indígenas sul-americanas". Com essas leituras, o professor pode apreender, dentro de um quadro mais amplo, o significado do descobrimento do Brasil.

Nesta altura do curso, para responder às perguntas provocadoras sobre a vida dos brancos que aqui chegaram, é interessante que os alunos leiam os dois primeiros textos (indicados anteriormente para leitura pelo professor, sobre a vida do branco europeu), façam dramatizações a partir dessas leituras, observem gravuras das naus de Cabral que aqui chegaram e, com base em gravuras, descrevam a população da época.

É importante que os alunos percebam, pela observação das gravuras de Debret, de Rugendas, comentadas com o professor, o tipo de família que o branco português e seus descendentes constituíram aqui — a grande família patriarcal, formada pelo chefe da família, sua mulher, grande número de filhos e afilhados que, muitas vezes, residiam com os padrinhos.

Comparar esse tipo de família com a família de hoje, existente na zona rural e na zona urbana da localidade, é um interessante exercício para que os alunos percebam a permanência ou a mudança de características do agrupamento humano "família" ao longo do tempo.

Outras observações e comparações importantes podem ser feitas pelos alunos a partir de gravuras da época e de hoje sobre:

— tipo de moradia;

— tipo de vestuário;

— tipos de alimentos e maneiras de se alimentar (refeições);

— meios de transporte;

— modos de lazer;

— modos de cuidar da saúde.

O 2º semestre

A organização da vida brasileira pelos portugueses

No início do semestre, é preciso contar para as crianças que:

— a organização da vida no Brasil passou a ser feita pelos portugueses, após a sua chegada. Era o rei de Portugal que estabelecia as normas e leis para a vida aqui. Segundo essas normas, os portugueses tinham o poder de mandar em todos (inclusive nos índios), vigiar se as normas eram obedecidas, e castigar quem não as obedecesse;

— em 1822, os portugueses que aqui estavam, apoiados por muitos brasileiros nascidos ao longo desses três séculos (1500 a 1822), resolveram que essas normas passariam a ser feitas aqui, por um rei do Brasil, e não mais pelo rei de Portugal, o que levou Dom Pedro (filho do rei de Portugal, que aqui o representava no governo) a proclamar a Independência do Brasil, no dia 7 de setembro de 1822;

— com isso, o Brasil, que até essa data era Colônia de Portugal (pertencia a Portugal), passou a ser um Império;

— um império é governado por um rei ou imperador; um rei ou imperador é sempre filho de outro rei ou imperador e, portanto, não é escolhido pelo povo;

— o Brasil continuou Império até 15 de novembro de 1889, quando foi proclamada a República, pelo marechal Deodoro da Fonseca;

— uma república é governada por um presidente, eleito pelo povo, que o escolhe com o seu voto.

Expor para os alunos a reprodução de pinturas do rei de Portugal, de Dom Pedro I, do Marechal Deodoro da Fonseca, encontráveis em Enciclopédias, é um modo de familiarizá-los com personagens de nossa história.

Nesse ponto os alunos já terão condições de ir completando a representação da História do Brasil, colocando na linha do tempo os períodos Colônia, Império e República (Figura 37).

O professor deverá fazer a linha do tempo da História do Brasil na lousa, acompanhado pelos alunos, que a irão reproduzindo em seus cadernos.

Isto feito, os alunos deverão responder às seguintes questões: os índios viviam em ambiente urbano ou em ambiente rural? Em que região do país os portugueses viviam: em zona urbana ou em zona rural?

Na "literatura de viagem" produzida no início da ocupação portuguesa no Brasil, encontramos o livro de Hans Staden ou de Jean de Lery contando suas atribulações nestas terras tão estranhas para um europeu. A leitura é ilustrativa para o professor e há trechos que podem ser escolhidos para a leitura de seus alunos. *Aventuras de Hans Staden* é uma das obras de Monteiro Lobato escrita para crianças.

Após esses exercícios, indagar das crianças:

— Você imagina que esse encontro entre os índios e os brancos portugueses teria sido bom para os índios? Por quê? E para os portugueses? Por quê?

Aqui, a leitura pelos alunos de pequenos textos sobre as entradas e bandeiras poderá oferecer elementos para a confirmação das relações espoliativas em relação aos indígenas.

Depois de recolher as respostas, problematizar os pontos que achar necessário e a partir delas tecer considerações sobre eles. É preciso que o professor informe seus alunos sobre os interesses dos portugueses:

— o que buscavam e para quê;
— o que encontraram; comentar com as crianças a existência do pau-brasil, madeira nativa, sua utilidade na tinturaria europeia; levá-los a conhecer a árvore; plantar uma muda de pau-brasil na escola e cuidar dela é uma atividade educativa, se acompa-

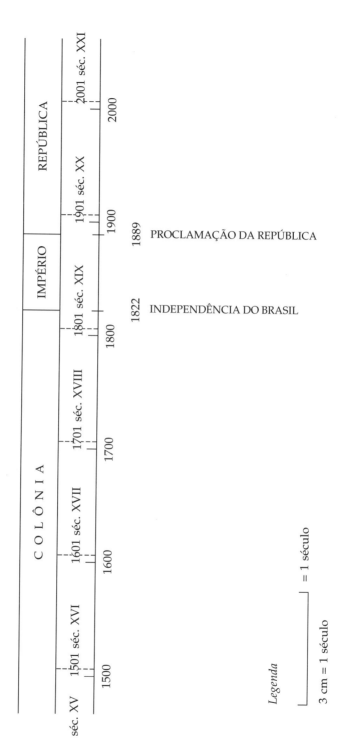
Figura 37

nhada de alertas à preservação ambiental, verificando como se encontra o pau-brasil hoje em nosso país;
— como ocuparam a terra — viagens de reconhecimento, o povoamento, a criação dos engenhos de açúcar.

Apresentar as figuras de engenhos de açúcar e levá-los a comparar com figuras ou retratos de usinas de açúcar existentes no Brasil hoje é um "passeio ao longo do tempo" interessante para perceber mudanças tecnológicas, ao lado da permanência da cana-de-açúcar como produto econômico da vida brasileira produzindo energia para o corpo, enquanto alimento e para as máquinas, como acontece com o álcool (por exemplo, carros a álcool) e com o biodiesel, tão presente nas considerações da atualidade.

Ao considerar a criação dos engenhos de açúcar, o professor retoma a linha do tempo da História do Brasil e, junto com os alunos, insere a data 1530, em torno da qual a organização dos engenhos ocorre e com eles o início da escravidão negra no Brasil, e registra o fato na linha do tempo.

Uma atividade rica para ser desenvolvida com as crianças é a leitura de textos sobre a vida nos engenhos, nas fazendas de café, sobre as entradas e bandeiras, pois é bastante ilustrativo nesses textos o encontro do branco com o negro e o índio ontem e hoje. Alertado para os estereótipos já apontados e apoiados em informações corretas, o professor poderá servir-se de textos existentes sobre o assunto, tendo o cuidado de analisá-los com os alunos, problematizando passagens que contenham desvios. Coleção de Francisco Marins, editada pela Melhoramentos em convênio com o INL/MEC, tem livros onde se poderão selecionar textos para os alunos. Há, por exemplo, *Nas terras do Rei Café, Roteiro dos Martírios (Minas de Cuiabá): I Expedição aos Martírios, II volta à Serra Misteriosa, III O Bugre-do-Chapéu-de-Anta*.

A escravidão negra: o encontro das culturas

A criação dos engenhos promove a vinda do negro africano para o Brasil como escravo. Os mesmos cuidados tomados no caso da cultura indígena devem ser feitos aqui com informações deturpadas e estereotipadas sobre os negros e suas culturas. No livro *A escravidão no Brasil* (coleção História Popular, Global Editora, 1981), de autoria de Jaime Pinski, o professor apresenta informações valiosas sobre a vida do negro na África, sobre a sua captura e sobre a sua vida como escravo no Brasil, para que lidem com os fatos de nossa história, reflitam sobre eles, iniciem-se em "permanências" e "mudanças". Também no livro de recente publicação, de Carlos Serrano e Maurício Waldman, intitulado *Memória D'África* (Cortez, 2007) o professor encontra informações surpreendentes ao senso comum, construídas a partir de uma abordagem multidisciplinar que abrange Geografia, História, Sociologia, Antropologia, Ciência Política, e que poderão fornecer material para a criação de interessantes atividades de ensino e para a problematização da história da escravidão no Brasil.

A observação de gravuras de Debret e Rugendas com cenas da escravidão no Brasil será interessante e útil, assim como sua descrição e dramatização pelos alunos. Se possível, a visita a museus onde haja peças e documentos que possibilitem a reconstrução da vida dos escravos será extremamente enriquecedora. E também a brincadeira "Vamos passar um dia como escravos", organizada de modo semelhante à proposta para a discussão sobre a vida dos índios, é exercício bastante rico para a compreensão do aniquilamento cultural que os africanos sofreram aqui no Brasil.

Ao longo do desenvolvimento de tais exercícios é preciso colocar para as crianças questões-problemas como as que sugerimos em sequência:

— Como era a vida do africano em sua terra?

— A partir do que já sabemos sobre a cultura dos africanos, dos portugueses e dos índios, podemos concluir que eram três culturas muito parecidas ou muito diferentes?

Informações sobre a cultura dos negros africanos o professor pode encontrar em livros já anteriormente citados, como os de Jaime Pinski e na *História Nova do Brasil*, vol. 1, de Joel Rufino dos Santos e outros. Rufino fala de uma cultura negra africana que lidava com metais, enquanto a do nosso indígena caracterizava-se por utensílios de pedra lascada e/ou polida; indica a organização dos negros em grandes reinos, enquanto nossos indígenas organizavam-se em tribos e clãs.

Problematizar aqui para as crianças:

— os índios levavam alguma vantagem em relação aos negros africanos, no encontro com os portugueses aqui no Brasil?

No tratamento pelo professor das respostas obtidas junto aos alunos, é importante chegar à consideração de que o nomadismo da vida indígena, aliado ao extrativismo (caça, pesca, coleta) e ao conhecimento da terra, são fatores que ajudam a explicar a não submissão dos índios à tentativa dos portugueses de escravizá-los nas lavouras dos engenhos.

— Como você imagina que os africanos sentiam e reagiam a todos os sofrimentos que lhes eram impostos?

Em publicação da Universidade de São Paulo de 1995, intitulada *Zumbi*, em rememoração ao Tricentenário da Morte de Zumbi[5] dos Palmares, cuja coordenação do projeto, apresentação e orientação metodológica esteve a cargo desta autora, os professores das séries iniciais encontram informações sobre a instituição da escravatura, sobre a metodologia de ensino e sugestões de atividades de ensino. Nesta publicação, o texto por mim organizado a partir de adaptações de textos de Sérgio Buarque de Holanda (1972/1973), intitulado *Cultura Negra: algumas contribuições*, poderá servir de fonte de informações a serem oferecidas pelo professor aos alunos, como suporte para verificação das respostas por eles elaborada.

É também importante informar os alunos sobre o movimento abolicionista como resultado da adesão de alguns setores da sociedade branca brasileira à causa dos negros, bem como da oposição internacional, principalmente da Inglaterra, à escravidão. Isto porque a Inglaterra fabricava produtos industrializados para vender no resto do mundo e

---

5. Publicação localizável na Pró-reitoria de Cultura e Extensão da Universidade de São Paulo (USP).

precisava de compradores para seus produtos, e os escravos, como trabalhavam apenas pela comida que recebiam, não possuíam dinheiro para comprar os produtos ingleses.

No Brasil, a adesão de setores brancos à causa abolicionista foi impulsionada:

— pelo surgimento das fazendas de café, com novas técnicas produtivas, levando os cafeicultores a solicitar do governo a promoção da imigração estrangeira, que vai introduzir a mão-de--obra assalariada no país;

— pelo crescimento das cidades com o surgimento da indústria.

A extinção do tráfico negreiro em 1850 fez com que o dinheiro antes usado na compra de escravos fosse aplicado em novas atividades. É preciso que as crianças saibam que, assim como o surgimento da escravidão no Brasil ligou-se a interesses econômicos, também a sua extinção tem a ver com esses interesses. Em geral, apresentam-se apenas as razões de ordem humanitária, defendidas por alguns abolicionistas. É necessário saber identificar as razões de ordem econômica que as sustentaram.

Passar às crianças a informação sobre as leis que gradualmente extinguiram a escravidão no Brasil é importante para a montagem da linha do tempo da história dos negros no Brasil:

— Fim do comércio escravo (tráfico negreiro): 1850

— Lei do Ventre Livre: 1871

— Lei dos Sexagenários: 1885

— Lei Áurea (libertação dos escravos): 1888

Retomar aqui a linha do tempo da História do Brasil e inserir nela os fatos datados referentes à história da escravidão no Brasil. A partir de observações dessa linha do tempo, as crianças poderão responder às seguintes questões:

— Quanto tempo durou a escravidão no Brasil?

— Há quanto tempo os negros são livres no Brasil?

— O que aconteceu com os negros imediatamente após a abolição da escravatura?

— Como vivem os negros no Brasil hoje? O que pensam sobre a sua história no Brasil?

Para desenvolver essas duas últimas questões, um exercício interessante é organizar com as crianças um pequeno roteiro de entrevista para um encontro com personagens afrodescendentes da localidade. É importante coletar dados sobre as facilidades e dificuldades de suas vidas e perguntar-lhes se associam tais facilidades e dificuldades à história de seu povo no nosso país.

Isto feito, estamos em um bom momento para apresentar para os alunos resumo de notícias de jornal com datas recentes, denunciando a ocorrência de trabalho escravo nos dias atuais no Brasil e problematizar:

— Por que o trabalho descrito nesta notícia é chamado de trabalho escravo, se a abolição da escravatura ocorreu em 1888?

— Quantos anos se passaram de 1888 até hoje?

— Por que vocês acham que isto acontece?

Considerando-se que 40% a 60% da população brasileira é afrodescendente, e que o Brasil é o segundo país negro do mundo, superado apenas pela Nigéria, o mais populoso país africano, o resgate da contribuição da cultura africana na constituição da economia brasileira durante mais de três séculos, e da cultura brasileira até hoje, é fundamental para a constituição de uma humanidade solidária em nosso país e no mundo globalizado da atualidade. É nesta direção que a Lei n° 10.639 (9/1/2003) tornou obrigatório o ensino de história e da cultura afro-brasileira, tendo também instituído o dia 20 de novembro como Dia Nacional da Consciência Negra no calendário escolar. O Decreto n° 4.886 (20/11/2003), ao qual se vincula a lei anterior, estabelece a Política Nacional de Promoção da Igualdade Racial, que tem por objetivo a "eliminação de qualquer fonte de discriminação e desigualdade racial direta ou indireta, mediante a geração de oportunidades" (Item II, Objetivos Específicos), dentre as quais o processo educativo escolar é uma delas.

METODOLOGIA DO ENSINO DE HISTÓRIA E GEOGRAFIA

Para fechamento do trabalho de 5ª série, é importante considerar com as crianças que além dos três povos formadores da população brasileira, aqui considerados, muitos outros povos vieram para o Brasil ao longo da história, como italianos, japoneses, libaneses etc.

Nesse momento, duas breves atividades são oportunas: localizar com as crianças no mapa-múndi os países de procedência desses povos; verificar se existem descendentes de povos imigrantes entre os alunos e localizar no mapa-múndi os países de procedência de suas famílias. Em locais em que a presença de descendentes de povos imigrantes seja predominante, estudos dos hábitos, costumes, data de chegada dos primeiros representantes, motivos da vinda para o Brasil, como se sentem aqui, são informações importantes de serem recolhidas pelos alunos junto a seus ascendentes, com entrevistas preparadas com orientação do professor.

A distribuição do trabalho com este conteúdo ao longo do ano letivo poderá seguir a seguinte disposição:

— identidade social dos alunos e organização das normas de trabalho: 1 semana;

— retomada da contagem do tempo em séculos, até a representação da História do Brasil numa linha do tempo: 15 dias;

— os indígenas (localização e cultura): 1 mês e meio;

— os portugueses colonizadores, localização das viagens no mapa-múndi; sua vida na Europa, sua cultura na Europa; formas de agrupamento no Brasil Colônia e hoje (família patriarcal e nuclear): até o final do 1º semestre;

— a organização da vida brasileira pelo branco europeu (colônia, império e república e representação na linha do tempo): 1 mês e meio;

— a escravidão negra, a cultura afro-brasileira e demais componentes da sociedade brasileira: 2 meses.

Leituras de textos em que se explicitem as condições em que se deu o encontro de brancos, negros e índios podem ser feitas como fechamento dos trabalhos ou ao longo deles.

Esperamos que por meio das sugestões de atividades apresentadas até aqui tenha ficado claro para o professor que não se pretende reprodução de informações pelos alunos. O que se faz em tais atividades é criar condições externas de aprendizagens favoráveis à incorporação pelas crianças de instrumentos intelectuais básicos da área das Ciências Humanas que possam formar atitudes de busca de compreensão da vida social de que participam e uma atuação pessoal e coletiva compreensiva, colaborativa, promotora de uma vida mais justa e humana. Não tratamos de historia de heróis, mas da história humana, tecida na cotidianidade da vida, por todos nós.

Assim procedendo, sem incorrer no ensino propedêutico, estamos preparando nossos alunos para buscarem também a compreensão da vida através da História e Geografia que estudarão nas series subsequentes do Ensino Fundamental. E sem incorrer em "decorar fatos", teremos introduzido nossos alunos na ocorrência de fatos significativos para a compreensão de nossa História, para nela atuarem, enquanto seus construtores, de maneira solidária e colaborativa, desprovidos de preconceitos decorrentes da ignorância dos fatos que os geraram.

Vocabulário: palavras referentes aos aspectos da natureza brasileira, observados nas paisagens naturais de ontem e hoje; palavras referentes a aspectos focalizados das etnias formadoras do povo brasileiro.
Tais palavras deverão ser selecionadas pelo professor ao longo do desenvolvimento dos trabalhos realizados com os alunos.

PARTE IV

A formação de professores

Capítulo 9

A formação do professor

Para tratar da formação do professor das séries iniciais do Ensino Fundamental lidaremos neste capítulo com:
— a recuperação da experiência do aluno-mestre com História e Geografia ao longo de sua formação;
— o ensino de História e Geografia que está se processando nas séries iniciais do Ensino Fundamental atualmente.

Ideias norteadoras

Sendo coerentes com tudo o que até aqui dissemos, somos levados a concluir que a disciplina Metodologia do Ensino de História e Geografia no curso de Formação de Professores, segue um caminho bastante semelhante ao descrito para o Ensino Fundamental. Trata-se, em suma, do caminho da real construção do conhecimento do docente em formação, da construção do conhecimento significativo, em qualquer modalidade de curso que seja organizado.

São objetivos dessa formação para o exercício da docência a que se destina:
— fazer com que o aluno-mestre seja um elemento ativo do seu próprio processo de ensino-aprendizagem;

— propiciar o exercício dos seus processos de pensamento, e estimulá-lo durante todo o curso de formação;

— garantir que a articulação entre o conhecimento teórico e a prática profissional se explicite sempre, durante o curso e seja já garantida e vivenciada ao longo de todo o curso.

O vínculo entre o conhecimento teórico e o prático será vivenciado no curso através:

— dos estágios nas séries iniciais do Ensino Fundamental e das reflexões sobre eles;

— da recuperação das vivências escolares do aluno-mestre nas disciplinas História e Geografia em sua formação precedente e de reflexões sobre elas;

— do exercício do ensino de pequenas unidades junto aos alunos das séries iniciais do Ensino Fundamental, planejado com embasamento teórico e analisado (pós-execução) através de reflexões orientadas pela experiência e pela teoria, juntamente com colegas professorandos, com orientação do professor de Metodologia.

Tal metodologia deverá se processar no curso de formação através dos seguintes procedimentos do aluno-mestre, com a orientação do professor de Metodologia:

— análise feita pelo aluno-mestre dos estudos realizados por ele, em seu percurso educacional, de disciplinas correspondentes à área de Ciências Humanas e os resultados obtidos, segundo sua própria ótica;

— reflexão, diante da conclusão atingida na análise anterior, sobre a posição que deseja assumir, como e enquanto profissional do magistério, em relação às disciplinas História e Geografia (ensino reprodutivo X ensino produtivo);

— observação e registro do ensino de História e Geografia que está sendo efetivamente ministrado nas séries iniciais do Ensino Fundamental (conteúdos e procedimentos);

- construção de relações entre os *resultados* observados no estágio e os objetivos do professor observado (planejamento); entre *procedimentos de ensino* observados no estágio e objetivos do professor observado;
- utilização possível da estrutura conceitual básica do ensino de História e Geografia nas séries iniciais do Ensino Fundamental nas atividades de estágio planejadas;
- planejamento da utilização desejada da estrutura conceitual básica do ensino de História e Geografia nas séries iniciais do Ensino Fundamental, segundo o posicionamento do aluno-mestre e do professor de Metodologia.

Pela Metodologia do Ensino de História e Geografia aqui trabalhada, uma particularidade interessante dessa disciplina para o curso de formação de professores precisa ser destacada. Trata-se do fato de que seu conteúdo é composto por:

- conceitos de Ciências Humanas (estrutura conceitual básica) a serem trabalhados com as crianças;
- conteúdos de História e Geografia a serem trabalhados com as crianças;
- metodologia a ser trabalhada com as crianças.

Portanto, mais do que em qualquer outra disciplina, seria aqui absolutamente incoerente preconizar-se uma Metodologia e adotar outra na formação de professores.

Continua, pois, predominando no curso de formação de professores a realidade do estudante que o frequenta: "o professorando concreto" enquanto ser dotado de conhecimentos, quaisquer que eles sejam; "o professorando como agente construtor do seu conhecimento" no processo de ensino-aprendizagem.

Permanece a necessidade de atenção com as *condições internas e externas* de aprendizagem do professorando e do aluno das séries iniciais, que será por ele atendido.

O fato de o professorando já ter atingido uma aparência física semelhante à do adulto, facilita, a nós formadores de professores, incorrermos numa condução do trabalho pedagógico como se fora destinado a adultos. Facilmente negligenciamos as características próprias dessas jovens (momento de afirmação da autoimagem; de definição profissional; de definição de escala de valores; ou através de um ensino superior excessivamente teórico e abstrato, desarticulado da prática dele decorrente; de processos mentais de abstração geralmente com problemas ou lacunas propiciadas mesmo pela própria condução do ensino anterior de que são procedentes.

Conhecer "o professorado real, concreto" é, pois, procedimento necessário para a montagem de *condições externas de aprendizagem* adequadas. Ninguém melhor que ele mesmo para providenciar tais informações. Por isto, o leitor encontrará, sempre que possível, nas sugestões de atividades feitas aqui, o diálogo do professorando com ele como procedimento inicial.

O exercício procedimental da docência nas séries iniciais de formação, bem como a observação, reflexão, proposição e execução de alterações das práticas vigentes nas cinco séries iniciais do Ensino Fundamental deve ser o foco privilegiado da formação do professor que pretendemos formar com apoio no espírito da LDB e das regulamentações dela decorrentes.

Conteúdo programático

Isso posto, sugerimos e dispomos o conteúdo da disciplina Metodologia do Ensino de História e Geografia da seguinte forma:

1. Conteúdo e procedimentos que compuseram as disciplinas correspondentes à área de Ciências Humanas cursadas pelos alunos-mestres nos níveis de ensinos anteriores.[1]

---

1. Utilizou-se a expressão "disciplinas correspondentes á área de Ciências Humanas" em vez de História e Geografia devido ao fato de estas disciplinas poderem ter aparecido com o nome de Estudos Sociais nos cursos feitos pelo aluno-mestre. Daqui para diante utilizaremos História e Geografia deixando a cargo do aluno a devida tradução quando for o caso.

2. Conteúdo e procedimentos do ensino das disciplinas correspondentes à área de Ciências Humanas,[2] nas cinco séries iniciais do Ensino Fundamental atualmente.
3. Conceito de História, Geografia e Ciências Humanas: o conhecimento científico.
4. A estrutura conceitual básica de História e Geografia.
5. Os conteúdos a serem trabalhados com a estrutura conceitual básica de História e Geografia e os procedimentos metodológicos a serem empregados.

Da formação do aluno-mestre às cinco séries iniciais hoje: a reconstrução do caminho

O desenvolvimento deste tema compreende necessariamente um levantamento a ser feito, pelos alunos e pelo professor de Metodologia, a partir da experiência de cada um, com as disciplinas História e Geografia ao longo de suas formações escolares até o final do Ensino Médio.

A primeira fonte de informação a recorrer é à própria experiência de cada um, em um primeiro momento numa atividade individual, a ser registrada no caderno. Nessa atividade, são dados de registro importantes: datas que marcam o início e o término dos períodos ou séries em que os conteúdos foram estudados; listas dos conteúdos lembrados; descrição dos modos, jeitos ou procedimentos através dos quais tais conteúdos foram estudados.

Num segundo momento, essa atividade deverá ser coletiva, realizada em grupos de trabalho nos quais os alunos deverão trocar seus dados. Isso ajudará a:

— completar eventuais lacunas;
— constatar semelhanças e/ou diferenças de conteúdos estudados num mesmo momento em escolas diferentes;
— constatar conteúdos comuns.

---

2. Vide nota 1, p. 208.

Num terceiro momento, de trabalho individual, cada aluno deverá escrever uma redação sobre "O que ficou do estudo de História, Geografia (ou de Estudos Sociais se for o caso)".

Alertar o aluno para que constem de sua redação:
— os conteúdos que ficaram, com um resumo de cada um deles;
— para que serve saber cada um desses conteúdos na vida cotidiana;
— para que servem esses conteúdos como professor das séries iniciais;
— as perguntas e dúvidas que lhes ficaram sobre cada um desses conteúdos.

É interessante que também o professor de Metodologia faça sua redação sobre a sua experiência como estudante, se ainda não o fez. Esta experiência poderá levá-lo a descobrir coisas interessantes sobre sua formação e importantes de serem trocadas com seus alunos. Comparando as vivências deles e a do professor estarão se deparando com a historicidade das nossas formações, além de criar na classe um clima muito humano de trocas, propício para a aprendizagem.

Num quarto momento, novamente em grupos, os alunos deverão ler suas redações uns para os outros, discutindo e registrando no caderno as conclusões do grupo sobre:
— as dúvidas e perguntas que lhes restaram sobre os assuntos estudados;
— para que serve saber esses conteúdos na vida prática cotidiana;
— coisas que consideram importante saber e que acham ser tarefa dessas disciplinas ensinar.

Perguntas e dúvidas permitirão ao professor de Metodologia perceber:
— o raciocínio que os alunos elaboraram sobre esse campo de conhecimentos;
— as possíveis lacunas de seu aprendizado;
— na ótica dos alunos, para que serve saber os conteúdos dessas disciplinas.

Isso permitirá ao professor de Metodologia, à guisa de fecho desta primeira etapa, colocar para seus alunos, com base nas informações levantadas e que indicam o ponto em que estão quanto a esse campo do conhecimento:

— sua natureza científica;
— seu objeto de estudo;
— as diferentes ciências que se ocupam dele;
— a natureza do trabalho científico e das Ciências Humanas;
— a importância dos conhecimentos produzidos pelas Ciências Humanas na vida cotidiana.

Este último item deverá ser desenvolvido através de exercícios de reflexão e de levantamentos de situações, realizados pelos alunos com a orientação do professor. Isto porque a partir dessa experiência de trabalho com o assunto poderão apreender a importância e o significado dos conhecimentos elaborados pelas Ciências Humanas muito melhor que apenas a partir do discurso, da exposição feita pelo professor.

Um exemplo de como materializar esse exercício é escolher uma questão social do momento, que esteja sendo bastante discutida pela comunidade ou focalizada pelos meios de comunicação de massa, para o exercício.

No segundo semestre de 1986, quando a primeira versão desse texto foi redigido, uma questão presente em todos os meios de comunicação de massa era a das greves. Ainda hoje (2008) elas persistem na categoria do profissional professor em nosso país. Portanto, focalizar a greve ainda é pertinente.

O encaminhamento dessa questão nos trabalhos em sala de aula pode atender ao seguinte planejamento:

1º momento

a) Reunidos em pequenos grupos, os alunos-mestres trocariam ideias sobre as seguintes questões, propostas pelo professor:
— O que sabem sobre as greves?

— Por que meios adquiriram esses conhecimentos?

— O que acham das greves?

b) Em seguida, elaborariam um relatório escrito dessa troca de ideias.

c) Cada grupo apresentaria à classe o resultado de seus trabalhos; neste momento não devem ser permitidos comentários, apartes, mas deve-se sugerir aos grupos anotarem as considerações diferentes das suas, que forem relatadas, para posteriores reflexões.

2º momento

Discussão geral a respeito "do que acham das greves":

— Justas para quem?

— Injustas para quem?

— Trata-se de um direito do trabalhador ou não? Por quê? — A que outro recurso o trabalhador poderia recorrer?

O professor deverá anotar as ideias levantadas.

3º momento

Análise das "greves" na perspectiva das Ciências Humanas:

— O que é trabalho?

— Como é a organização do trabalho entre nós?

— Como surgiram as greves?

— O direito legal de greve.

— Implicações do direito de greve.

Na orientação desse trabalho, é importante ressaltar que:

a) Não há nada que seja "certo" ou "errado" a ser concluído com os alunos durante o 1º e o 2º momentos. São momentos exploratórios de suas realidades, de seus pensamentos, crenças, dos valores sociais que cultivam, de constatação de contradições e de considerações comuns entre os alunos.

b) O terceiro momento será aquele em que o professor analisará com os alunos as questões propostas, fornecendo-lhes como instrumental os conhecimentos das Ciências Humanas:

— trabalho como processo através do qual o homem transforma o seu meio ambiente, e cria normas de convivência social produzindo cultura (usar o conceito antropológico de cultura);

— para que o trabalho ocorra são necessários os fatores de produção — meios de produção (máquinas, equipamentos, dinheiro) e força de trabalho;

— a organização do trabalho entre nós caracteriza-se pela existência de donos dos meios de produção (das máquinas, equipamentos e dinheiro), os patrões, que são compradores de força de trabalho; e de donos da força de trabalho, os trabalhadores, que são vendedores de sua força de trabalho;

— o que é valor da força de trabalho, como é determinado e como pode ser modificado; aqui, os esclarecimentos podem ser dados pela Constituição em vigor, pela legislação trabalhista vigente, por textos de sociologia sobre força do trabalho e mais-valia.[3]

c) O quarto momento constitui-se de um retorno às conclusões formuladas no 2º momento, para analisá-las agora à luz dos conhecimentos das Ciências Humanas. Em face desses conhecimentos, aquelas conclusões se mantêm ou se alteram?

Ao tecer novas considerações sobre a questão, amparado nos conhecimentos das Ciências Humanas, o professor poderá propor a discussão do tema greves vinculado ao exercício da profissão de professor e suas implicações:

---

3. Constituição em vigor — Legislação Trabalhista — Meksenas, Paulo. "O processo de formação do capital" e "A lei da mais-valia". In: *Sociologia*, São Paulo: Cortez, 1990, p. 68-71.

- a greve e o trabalhador-professor;
- a greve e o aluno;
- a greve e o processo de ensino-aprendizagem;
- a greve e os pais dos alunos etc.

Não se trata, obviamente, de firmar uma posição político-partidária sobre a questão, mas de analisar suas implicações quanto:
- aos direitos e deveres dos agentes sociais diretamente envolvidos na questão;
- às reações possíveis dos diferentes agentes sociais;
- às formas de lidar com as reações constatadas, tendo em vista os objetivos sociais que se pretende atingir.

Aspectos envolvidos na discussão: há algum trabalho pedagógico para fazer com os alunos e os pais numa situação de greve? Por quê? Qual ou quais trabalhos pedagógicos? São coerentes com os objetivos educacionais visados? Como lidar com as consequências das greves junto aos alunos?

Não cabe ao professor determinar a posição político-partidária de seus alunos ante a questão, visto que várias são possíveis, mesmo a partir da aplicação dos conhecimentos das Ciências Humanas. A definição de uma posição político-partidária envolve, além dos conhecimentos, outros valores do aluno, pessoais e de classe, éticos, que não cabe ao professor negar ou desrespeitar. Sua responsabilidade social e profissional é a de revelar as implicações das diferentes posições manifestadas na discussão, a partir das instruções e dos conhecimentos oferecidos. O professor também não tem o direito de aparentar neutralidade em relação ao assunto, pelo simples fato de tal situação ser de exercício em sala de aula. O professor tem sua posição sobre o assunto e não há por que ocultá-la. Apresentá-la significa expô-la a análises que os alunos eventualmente poderão fazer, da mesma forma que o professor fez sua análise das posições manifestadas pelos alunos. Se isto ocorrer teremos atingido uma real situação de ensino-aprendizagem, ou seja, de troca de experiências, conhecimentos e reflexões, enriquecedora para todos os que participam do processo.

O fundamental é que o aluno saia com "instrumentos" intelectuais que lhe permitam refletir e analisar suas posições, ao longo de sua vida profissional, perante questões que venha a vivenciar. "Instrumentos" que lhe possibilitem ir se situando e atuando socialmente de maneira cada vez mais coerente e consequente como pessoa. O que não pode e não deve acontecer é o aluno sair confuso ou perdido diante do assunto. Isto certamente ocorrerá se ao pensamento e às posições levantadas pelo aluno se opuserem outros tantos, prontos e acabados — portanto indiscutíveis. A garantia para que essa desorientação não ocorra está na oferta dos "instrumentos de conhecimento" da História e da Geografia sobre o assunto em discussão, assim como na análise que, com base neles, se pode fazer dos conhecimentos que os alunos já têm, com vistas à sua ultrapassagem.

Mesmo que essa ultrapassagem não ocorra ao longo do curso, o professor deve oferecer as condições para que ela venha a ocorrer mais adiante, como produto do trabalho e da vivência pessoal do aluno, cujo ritmo de rendimento não se pode determinar previamente. Cabe à escola oferecer a condição de sua ocorrência; cabe a ela garantir que o aluno saia da escola o máximo possível "norteado" pelo conhecimento. Isto significa sair indagativo, reflexivo, o que é muito diferente de sair confuso, perdido ou mesmo com posições definitivas pouco refletidas. O fato de o aluno sair do curso com indagações a respeito de sua própria posição é salutar e desejável.

Uma última consideração importante para o professor de Metodologia, válida tanto para o trabalho com este tema como para os demais temas do programa proposto: existe um tempo ótimo de duração do trabalho — aquém do qual corre-se o risco de um trabalho superficial e "desorientador" (no sentido já citado) e além do qual há o perigo da "saturação", responsável pela sensação nos alunos de já "saberem tudo" sobre a questão, e "não aguentarem mais ouvir falar do assunto". Esse tempo ótimo é definido por uma série de circunstâncias sociopedagógicas, como: a natureza dos processos de comunicação social predominantes, a carga horária disponível para o trabalho com a disciplina, os processos de comunicação desenvolvidos em sala de aula.

Numa época em que os meios de comunicação de massa, especialmente a televisão, através do recurso da imagem, transmitem uma grande quantidade de informações de maneira atraente e rápida, e considerando a pequena carga horária de que se dispõe para as disciplinas História e Geografia, assim como Metodologia, é recomendável que o professor:

a) construa o seu cronograma sobre o tema, destinando para o seu desenvolvimento um certo número de aulas (por exemplo, 7 ou 10 horas/aulas);

b) mantenha um ritmo de trabalho, a cada aula, que permita o desenvolvimento do que planejou adequado às características da classe;

c) esteja alerta e preparado para os ajustes necessários a cada aula, em cada classe (haverá classes em que poderá ir além do previsto e outras em que não será possível desenvolver toda a programação planejada para a aula, pois isso depende das peculiaridades de cada grupo de alunos). Caberá ao professor registrar, ainda que sumariamente, o andamento do trabalho por classe, para poder promover ajustes necessários, de tal forma que:

— os cortes a serem efetuados não prejudiquem o significado geral, o sentido do tema, a razão de sua existência na proposta curricular;

— o interesse dos alunos seja mantido ao longo do tema e para além dele.

Como estamos tomando como ponto de partida do nosso trabalho o conhecimento dos alunos, pode acontecer que se chegue a pontos diversos, com diferentes classes de alunos.

É preciso, entretanto, que o professor de Metodologia esteja consciente de que não esgotamos na escola o processo de conhecimento sobre o tema. O que fazemos é introduzir o aluno nessa questão. O importante, pois, é que essa introdução seja significativa, carregada de sentido. Se isto de fato acontecer ao final das aulas dedicadas ao assunto (tema), o aluno terá questões sobre ele, o que significa que sairá da escola curioso, indagativo, reflexivo.

Não cabe ao professor e à escola saciar a curiosidade, mas sim alimentá-la, deixando instrumentos com o aluno que lhe possibilitem ser, cada vez mais, indagativo, reflexivo de seu processo de ensino/aprendizagem. Assim estará inserido no caminho do ser criativo e transformador.

Para este trabalho de formação do professor o *conceito básico* é:

— O que são Ciências Humanas, História e Geografia

Sugere-se como texto básico de leitura: "As Ciências Humanas" (capítulo 1, p. 21 a 28 deste livro).

Feito o trabalho de recuperação da formação do aluno-mestre em História e Geografia, é preciso que ele verifique como está se processando o ensino destas disciplinas nas cinco séries iniciais do Ensino Fundamental, no momento em que estuda a Metodologia de Ensino correspondente.

Esta constatação deve se realizar a partir da experiência de estágio nas cinco séries iniciais do Ensino Fundamental, a ser desenvolvida pelo aluno-mestre desde o início do seu curso de Metodologia do Ensino de História e Geografia. A atividade de estágio é entendida aqui como atividade necessária para garantir ao aluno-mestre um retorno às salas de aula das séries iniciais (para as quais se dirigirão brevemente, como professores), para um reencontro com:

— os alunos que ora compõem a realidade escolar;
— com o profissional professor, que lida com esses alunos de uma determinada maneira.

Esse retorno permitirá ao estagiário, ainda durante seu processo de formação, absorver a realidade do trabalho em sala de aula a partir da ótica do profissional em que brevemente se transformará. Neste sentido é que a atividade de estágio é altamente formadora para o aluno. Ela não se esgota em si própria: tem início antes, nas aulas do curso de formação de professores, e tem continuidade crucial, após cada etapa de estágio, na discussão a ser realizada.

Repudia-se, portanto, o estágio como atividade passiva, em que o aluno aprende por osmose. Privilegia-se, ao contrário, a concepção de estágio como uma oportunidade para que o aluno-mestre, entre outras coisas:

— registre constatações sobre a realidade do trabalho ao qual irá se dedicar brevemente;
— se dê conta das interpretações que elabora sobre suas observações e constatações;
— problematize tais constatações;
— analise os problemas levantados, a partir:
  • dos conhecimentos socioculturais que já detem;
  • do que se pretende atingir com o trabalho pedagógico;
  • dos procedimentos utilizados.

Para que isto ocorra, atribui-se ao curso de Metodologia a responsabilidade não de fornecer a seus alunos-mestres um receituário de conhecimentos e procedimentos, mas, antes, de formar e desenvolver neles atitudes condizentes com os princípios pedagógicos valorizados, dos quais decorrerão os procedimentos do profissional adequados à sua realidade de trabalho.

O "fazer pedagógico" e o "pensar sobre esse fazer", como etapas inseparáveis e imprescindíveis do processo de trabalho pedagógico, são o único caminho capaz de conduzir a um exercício profissional competente. Por exercício profissional competente entende-se:

a) uma forma de trabalho em que o professor possa dar-se conta de seus acertos e erros;
b) que a constatação dos acertos não o leve a generalizações precipitadas e levianas, geradoras de "donos da verdade";

c) que a constatação dos erros não leve a desânimo, descrença e conclusões fatalistas e rígidas que precipitam a negação mecânica dos procedimentos adotados e a pronta adesão a condutas que se está tentando ultrapassar;

d) que a atitude de indagação, curiosidade, problematização e análise constante da prática seja cultivada sempre, ao longo do trabalho, tanto nos momentos de êxito como nos de insucesso.

Este "pensar sobre o fazer pedagógico" deve acontecer já no curso de Metodologia, a fim de que se torne conduta incorporada pelo aluno--mestre. Para que o estágio cumpra essa função, deverá desenvolver-se uma orientação em três níveis.

No primeiro nível (constatações sobre a realidade de trabalho do professor), é recomendável a construção de alguns instrumentos de coleta ou registro de dados. Por exemplo, montar com os alunos-mestres uma *ficha de observação* sobre o local em que se realiza o trabalho do professor, suas condições materiais e de organização, quem são os alunos com quem o professor trabalha, será uma preparação necessária para o estágio. Isso propiciará uma triagem, a ser feita em conjunto, dos dados mais significativos em função das necessidades do trabalho que se vai ali desenvolver, assim como das necessidades dos alunos a quem se estará ali prestando serviços.

Pode acontecer que, na elaboração desse instrumento, os alunos-mestres sugiram dados não-significativos para as metas que priorizamos e não sugiram outros, de importância. O relevante, porém, é que façam suas colocações, pois elas propiciam ao professor de Metodologia uma análise de sua adequação ou não, bem como considerações do que é importante.

Um outro instrumento de trabalho importante a ser montado é um *roteiro de entrevista ou* um *questionário* a ser aplicado ao professor que recebe o estagiário. O questionário tem vantagem de ser mais padronizado, o que facilita o trabalho de agregação das respostas obtidas dos professores, no trabalho posterior em sala de aula.

Este instrumento pode e deve ser voltado especificamente para as questões do ensino de História e Geografia. É importante que se solicite do professor da classe informações sobre:

— assuntos de História e Geografia a serem desenvolvidos ao longo do ano naquela classe;

— para que serve cada um desses assuntos (conteúdo) para vida do aluno;

— livro didático e demais materiais usados pelo professor em suas aulas;

— como o professor desenvolve as aulas dessas matérias;

— exercícios, trabalho e atividades propostas aos alunos;

— quais as principais dificuldades que o professor tem ou enfrenta ao ensinar História e Geografia;

— como é a disciplina de trabalho da classe e como é obtida (entende-se aqui disciplina como a organização adequada da classe para a realização do trabalho em desenvolvimento. Não se confunda, portanto, necessariamente, disciplina com silêncio. Há atividades que exigem que as crianças conversem entre si, desenvolvam ações conjuntas, desloquem-se no espaço, o que produz ruídos. E há atividades que carecem de um clima de silêncio e tranquilidade propiciadores da concentração necessária. No caso das atividades que produzem ruídos, é interessante atentar para a existência de outras classes vizinhas e verificar se os ruídos produzidos se conservam num nível que não perturbe o trabalho das turmas contíguas);

— como se comportam os alunos em relação à matéria (gostam dela, mostram interesse, colaboram com o professor ou o contrário);

— o professor gosta ou não de trabalhar com essas matérias e por quê.

Outra fonte de informações, a mais importante talvez, é a própria aula de História ou Geografia dada pelo professor de 1ª a 5ª séries.

A *ficha de observação de aula* é, pois, o terceiro instrumento necessário. Devem compô-la itens como:

1. data da observação, hora do início e do término da aula;
2. assunto ou conteúdo da aula;
3. atividades desenvolvidas pelo professor (ações que o professor praticou) — incluem-se aqui orientação dadas para as atividades, perguntas feitas pelo professor, respostas dadas por ele a perguntas formuladas pelos alunos etc.;
4. atividades desenvolvidas pelos alunos (ações que os alunos praticaram) — incluem-se aqui perguntas feitas pelos alunos, registradas na linguagem em que foram formuladas, observações orais, exercícios, leitura, desenhos feitos por eles etc., pois é esse material que nos permite detectar as dificuldades e facilidades dos alunos.

É importante que essa coleta de informações não se limite a uma só aula, para que não se tome o circunstancial por característico. Um mínimo de cinco observações já permite perceber certas regularidades de procedimentos.

O segundo e o terceiro níveis de trabalho em estágio constituem-se na problematização e na análise dos dados obtidos. Que questões esses dados trazem para nossa consideração?

Inicia-se agora, com os alunos-mestres, o exercício de "leitura crítica da realidade profissional" a que eles se destinam como profissionais. Nossas preocupações centram-se agora em torno dos conteúdos desenvolvidos e dos procedimentos empregados no ensino de História e Geografia nas séries iniciais do Ensino Fundamental.

A primeira coisa a fazer consiste em reunir os dados coletados (caso haja observações provenientes de vários professores de cada uma das cinco primeiras séries do Ensino Fundamental). Essa reunião de informações pode ser feita em grupos:

a) divide-se a classe em cinco grupos (um para cada uma das cinco séries), para que cada um reúna as informações sobre o conteúdo trabalhado e elaborar perguntas que lhe ocorram sobre esses conteúdos e sua seleção;

b) os mesmos grupos reúnem os dados referentes aos procedimentos de trabalho utilizados pelos professores, nas respectivas séries, e elaboram as perguntas que lhes ocorram.

A constatação de semelhanças, repetições, diferenças poderá encaminhar uma reflexão sobre o que é comum e o que é peculiar na conduta profissional dos professores, propiciando uma percepção melhor e mais precisa de como o espaço de atuação profissional é ocupado por esses trabalhadores.

Informações sobre o *conteúdo* estão contidas na entrevista ou no questionário aplicado aos professores; informações sobre *procedimentos* estão contidas tanto na entrevista ou questionário quanto na ficha de observação de aula. É importante que o professor de Metodologia alerte seus alunos para a diferença entre os dois instrumentos: na entrevista ou questionário está o que o *professor pensa* sobre os procedimentos que utiliza, da forma como os nomeia e concebe; na ficha de observação de aula estão os *procedimentos que esse professor realmente realiza*, tal como os consegue realizar. Esta orientação é importante para as perguntas que os alunos-mestres poderão vir a formular ou para as considerações que se mostrem necessárias para o professor de Metodologia.

A ficha de observação sobre a realidade do trabalho do professor fornece importantes dados para a reflexão: a adequação dos procedimentos ao conteúdo, à faixa etária dos alunos e respectivas condições internas de aprendizagem, aos recursos didáticos utilizados; a utilização plena ou a subutilização de recursos; possibilidades e impossibilidades de superação das limitações dos recursos; superutilização e desgaste de recursos e/ou procedimentos.

É de grande importância trabalhar a partir das questões formuladas pelos alunos-mestres. Nada impede, porém, que o professor de Metodologia coloque algumas outras questões que lhe pareçam importantes e que não tenham surgido. Todavia, um *cuidado* deverá ser tomado sempre: não pretender esgotar as questões possíveis de serem levantadas. Importa muito mais a "qualidade" desse trabalho de análise e reflexão sobre a realidade, que sua quantidade. Dessa forma, estaremos privilegiando nas aulas de Metodologia um procedimento indagativo, reflexivo, crítico, que sabemos de antemão inesgotável, e não um procedimento meramente acumulativo de conhecimento, com o qual não concordamos. Trata-se de trabalhar o conteúdo, o conhecimento, qualitativa e não quantitativamente.

Uma sugestão básica do tempo médio para o desenvolvimento do estudo da História e Geografia que está sendo efetivamente ensinada nas séries iniciais do Ensino Fundamental é de 8 horas/aula.

Caso o estágio esteja sendo feito para atender às exigências de outra disciplina do curso de formação de professores (como Didática, por exemplo), é imprescindível que o professor de Metodologia de História e Geografia entre em contato com o professor daquela disciplina para:

a) economizar esforços no trabalho de orientação ao estágio;

b) evitar a duplicação de orientações para os alunos-mestres;

c) garantir a coerência do trabalho junto aos alunos-mestres, que poderá ser conseguida através da comparação das metas de ambos os trabalhos, da combinação dos itens referentes a instrumentos de coleta de dados a serem garantidos, do acordo sobre a possível e desejável divisão de trabalho entre os professores envolvidos.

No caso de mais de um professor do curso estar trabalhando com estágio, o tempo destinado a esta unidade poderá ser reduzido, uma vez que o trabalho de elaboração dos instrumentos será dividido entre os professores, nas aulas das diversas disciplinas.

Para o trabalho com o estágio são *conceitos básicos*:

— *Estágio*

— *Exercício profissional competente*

Textos básicos de leitura: texto sobre estágio (p. 217/223 deste livro); texto de orientação sobre interpretação e análise dos dados coletados (p. 221/223 deste livro).

Capítulo 10

A atuação do aluno-mestre

Ideias norteadoras

Já fizemos constatações e reflexões sobre:

a) como História e Geografia foram trabalhadas ao longo da formação dos alunos-mestres;

b) como essas disciplinas estão sendo trabalhadas hoje, nas séries iniciais do Ensino Fundamental, para as quais se dirigirão amanhã esses alunos-mestres, como professores.

Um dos sérios problemas do ensino de História e Geografia é o fato de que tais conhecimentos são apresentados aos alunos como uma série de fatos a serem decorados, totalmente desvinculados da vida e da realidade desses alunos.

Tidas como matérias "decorativas", não se costuma questionar: Por que levar os alunos a decorarem tais fatos? É preciso decorar? Qual a importância de tais fatos e tais matérias para a vida? Para que serve saber tais coisas? Em vez disso, um silencioso consenso de que tais matérias e tais conhecimentos não servem para nada, de que tudo isso será inevitavelmente esquecido, compõe a atitude fatalista com que se tem encaminhado esse trabalho.

É justamente esta atitude fatalista que se pretende superar com a proposta aqui apresentada. Apesar de justificável, pela forma como essas disciplinas vêm sendo ministradas ao longo de nossa formação, é inadmissível que tal atitude se perpetue até hoje, à luz dos conhecimentos já alcançados nessa área.

É chegado o momento, pois, de enfrentarmos esse "fatalismo" decorrente dos problemas encontrados, dos tropeços vividos e das conclusões alcançadas através das análises e reflexões já feitas.

A natureza científica do campo de conhecimentos abrangidos pela História e pela Geografia já foi desenvolvida com os alunos-mestres durante o trabalho anterior. Ressaltou-se então a utilidade e a importância desses conhecimentos para:

a) uma melhor compreensão dos problemas da vida social humana;

b) uma melhor atuação em face desses problemas, na busca de sua superação.

Com isto, tratou-se de recuperar (ou, até mesmo, de apresentar, nos casos em que não havia clareza sobre isso) a importância desses conhecimentos na formação de agentes sociais conscientes de sua realidade, críticos e criativos. Neste capítulo, partimos daí e:

— retomamos o porquê de se aprender História e Geografia;

— apresentamos princípios orientadores do "ensino produtivo" em oposição ao "ensino reprodutivo";

— consideramos o trabalho com o livro didático e com a execução das aulas.

Por que aprender História e Geografia?

Trata-se agora de dar um passo à frente e vislumbrar a importância dos conhecimentos da História e da Geografia na vida profissional do professor e na vida dos alunos de 1ª a 5ª séries com quem esse professor irá trabalhar e ensinar essas disciplinas.

Comecemos pelo professor. Por que interessa a ele saber História, Geografia, Sociologia?

Em primeiro lugar, porque é importante que ele esteja consciente de que, para ser um sujeito ativo, criativo e consequente em seu meio, como ser social, e em seu campo de trabalho, como profissional, é preciso estar sensível aos processos históricos em curso no meio em que vive.

Boa parte do desânimo que recai sobre o professor pouco tempo depois de ter iniciado seu trabalho advém de posturas transformadoras ingênuas. Ele adere a elas ainda quando estudante, embalado pelo entusiasmo próprio da juventude em que a maioria se encontra — momento em que elabora "teorias reformadoras do mundo", característica do estágio de seu desenvolvimento mental e psicológico. Sem embasamento em conhecimentos provindos do campo das Ciências Humanas, esse professor pode tomar as condicionantes "determinações" do meio como obstáculos intransponíveis para a ação pretendida. Nessas circunstâncias, pode baldear-se para o lado dos que os desencorajam afirmando algo como: "Mudar as coisas é muito bonito na teoria, o entusiamo da juventude explica, mas na prática essa mudança é impossível. O tempo lhe dirá...".

Maus conselheiros, os que afirmam tais coisas excluem do "meio" o agente social dotado de vontade histórica, coragem cívica e de capacidade de produzir cultura. Pregam o imobilismo, ao lado do qual se perpetua o fatalismo. São os conhecimentos produzidos pelas Ciências Humanas (especialmente pela História, pela Geografia e pela Sociologia) que vão possibilitar ao professor tomar as "determinações" do meio como problemas, questões colocadas, a matéria-prima desafiadora para a ação que pretende desencadear. Ficam assim mais capacitados a enfrentar os insucessos, porque sabem da existência de instrumentos capazes de auxiliá-los na compreensão desses insucessos e na criação de alternativas possíveis para lidar com a situação, na busca dos resultados pretendidos.

Alguns exemplos podem esclarecer essas considerações:

É frequente que os alunos-mestres se assustem com o autoritarismo dos professores de 1ª a 5ª séries, muitas vezes expresso por violência verbal ou até mesmo física e por um relacionamento grosseiro com as crianças. Os alunos-mestres não se identificam com esses professores e, então, traçam para si, previamente, condutas opostas a essas: serão delicados com seus alunos, terão com eles um relacionamento agradável e afável. Mas não se indagam o porquê da conduta desses professores. Não se perguntam como os pais das crianças veem tal situação, por que os professores agem assim. Não se dão conta de estarem também decidindo autoritariamente, porque o fazem apenas a partir de seus valores pessoais.

Há outros alunos-mestres que, ao contrário, endossam as relações violentas entre professor-aluno. Justificam-nas pelas características observadas nas crianças: levadas, irrequietas, mal-educadas, grosseiras, impossíveis etc. etc. etc... Também nada indagam a respeito da situação, sobre a razão da indisciplina, nem se dão conta de que assumem autoritariamente a sua posição, a partir também apenas de seus próprios valores. Quando, no exercício de sua profissão, encontram fortes e incontroláveis reações de resistência por parte da classe, bandeiam-se para uma posição de *laissez-faire*, de permissivismo: "Ah, é assim? Pois bem: fiz tudo o que podia, mas esses alunos não querem nada mesmo. Pois então; daqui por diante, que façam o que quiserem". É o seu limite de resistência, rapidamente atingido pelo desgaste pessoal. O despreparo nos conhecimentos de Ciências Humanas não lhe possibilita problematizar a situação. Ela deixa, portanto, de ser desafiadora e passa a ser "fatal". Tão fatal quanto a decisão que tomou, que engrossa as fileiras das práticas conservadoras, de manutenção e imobilismo.

É possível negar os próprios valores? Certamente não. O que é possível, necessário, imprescindível, é que, no exercício da profissão (não apenas aí, mas especialmente aí), eles sejam assumidos em toda a sua plenitude. Isto exige que se façam as indagações anteriormente colocadas.

Ao lidar com as respostas obtidas, os alunos-mestres, futuros professores, poderão defrontar-se com situações tais como:

— há indisciplina na classe porque os alunos nada entendem o que o professor explica e não estão nem um pouco interessados no assunto abordado;

— há pais que solicitam aos professores que batam em seus filhos se estes não fizerem as lições ou não prestarem atenção na aula;

— há pais que chegam a encaminhar queixa a delegacias de polícia contra um professor que bateu em seu filho;

— há alunos que cobram do professor atitudes autoritárias ("Puxa a orelha dele, professora!", "Dá zero pra ele", "Põe pra fora da classe!");

— há alunos que, "aterrorizados" com a violência do professor, não fazem nem mesmo as coisas de que são capazes, imobilizam-se.

Decorre daí que, qualquer que seja a conduta previamente adotada pelo aluno-mestre, ela seria ingênua se pautada apenas pelos seus próprios valores. Pois não atuará no vazio, mas num meio geo-sócio-histórico que não é homogêneo nem harmônico. É marcado por expectativas conflitantes, contrastantes, contraditórias entre si. Ignorar as características geográficas do meio (o que ele oferece ao homem), as características socioculturais (o que os homens em conjunto conseguem construir para si a partir do meio, o que não conseguem, por que não conseguem), as características históricas (como tem sido a vida dos homens ali, através dos tempos, e por que assim tem sido), enfim, ignorar essa diversidade implica um atuar ingênuo. Isto porque ambas as condutas apontadas anteriormente como exemplos estarão:

a) desconsiderando essas características e, portanto, desenvolvendo uma atuação no vazio;

b) desconsiderando que a conduta de professor também tem características geo-sócio-históricas, que poderão coincidir ou não com as características da conduta dos alunos;

c) desconsiderando os prováveis resultados dessa conduta, que o surpreenderão (o que prova a ingenuidade) e o remeterão mecanicamente à conduta oposta. Tão mecanicamente como se haviam decidido pela anterior;

d) desconsiderando que não se trata de uma "ação", mas de uma "interação", na qual "o outro", a "outra parte", a "outra perspectiva" (no caso, dos alunos, dos pais, da comunidade escolar e social em que a escola se insere) tem de ser levada em consideração se pretendemos alcançar algum resultado.

Como trabalhar toda essa complexidade com o aluno-mestre no curso de Metodologia do Ensino de História e Geografia?

Uma maneira interessante é apresentar "situações-problemas" da atuação de professores das séries iniciais — o mais desejável é que sejam mesmo relatos de casos concretos, já ocorridos, do conhecimento do professor de Metodologia. Também é de muita validade utilizar, se for possível, situações-problemas colhidas nas observações de estágios realizadas pelos alunos-mestres ou mesmo vivenciadas por eles enquanto alunos. Um cuidado se impõe nessas circunstâncias: que sejam situações-problemas classe-professor e não casos individuais.

Pede-se aos alunos que, em grupos, elaborem por escrito um diagnóstico da situação-problema: por que ela estaria ocorrendo? quais as suas possíveis causas? como certificar-se delas?

Os diagnósticos elaborados por cada grupo deverão ser apresentados a toda a classe. Em seguida, ainda sem problematizar os diagnósticos elaborados, o professor de Metodologia apresenta à classe a seguinte questão:

Como lidar com a situação com vistas a alcançar os objetivos pretendidos?

Para respondê-la, oferece aos alunos:

a) texto contendo informações geo-histórico-sociológicas de dois diferentes locais hipotéticos onde a escola da situação-problema poderia localizar-se — atividades econômicas predominantes, características geofísicas e humanas, procedência social dos alunos, origem social do professor;

b) texto contendo duas histórias diferentes da escola em que a ocorrência analisada poderia ter acontecido — quem e como são os professores da escola, o diretor, os demais funcionários, quem e como são os alunos que frequentam a escola;

c) textos de Sociologia da Educação, como de Antonio Candido, Mannheim, Meksenas, Kruppa, Penteado etc. indicados nos textos básicos sugeridos mais adiante (p. 231/232).

Após o estudo de tais textos, que poderá ser feito em grupos (cada grupo estudando um dos textos, por exemplo), pode-se levantar as seguintes questões para os alunos resolverem:

— Como imaginam os contornos que a "situação-problema" real, inicialmente considerada, adquiriria nesses ambientes hipotéticos? A finalidade deste exercício é despertar nos professorandos a percepção de valores locais da comunidade e da escola; é oportunizar uma articulação entre seus valores pessoais e os presentes "nos outros" da comunidade escolar.

— Após o estudo desses textos, vocês mantêm o diagnóstico feito anteriormente para a situação-problema real de que partimos? Se mantêm, por quê? Se mudam o diagnóstico, por quê?

Elaboradas as respostas, é preciso que sejam expostas à classe e analisadas com a orientação do professor de Metodologia, levando em consideração o que o professor envolvido na situação-problema queria atingir (e que deve estar descrito na situação-problema apresentada) para, à luz dos conhecimentos veiculados pelos textos, elaborar alternativas de conduta possíveis e viáveis.

Não se pretende chegar a uma única conduta. Diferentes procedimentos poderão ser pensados. O importante é que a justificativa para cada um deles se apoie nas características da realidade em que atua o professor, em que ocorre a situação-problema proposta. Realidade essa agora melhor conhecida e compreendida a partir da utilização dos conhecimentos formulados pelas Ciências Humanas.

Cuidemos agora da importância dos conhecimentos de História e Geografia para os alunos de 1ª a 5ª séries do Ensino Fundamental.

Assim como para os professores, esse conhecimento é importante para orientar interações consequentes, o que já deve ter ficado claro através das atividades anteriores, esses conhecimentos, na verdade, são importantes para todas as pessoas; portanto, são igualmente para os que iniciam seus primeiros anos de escolaridade, para que possam se desenvolver conscientes de seu meio geo-sócio-histórico e com recursos de conhecimento que lhes possibilitem ser reflexivos e criativos em relação ao seu meio e à sua vida.

Em nome dessa importância, as crianças tem sido remetidas prematuramente a textos factuais de História ou Geografia. Tendo sido percebida a inadequação de tal encaminhamento, tem-se procedido a infantilizações simplistas dos textos, deturpadoras de seu conteúdo e passíveis apenas de memorização. Tudo tem-se passado como se o problema estivesse na natureza dos textos e não no momento inadequado em que são apresentados às crianças. Não se tem levado em consideração um fato importante que diz respeito aos pré-requisitos que o aluno precisa dominar para vir a compreender o seu meio, sua história, sua vida, bem como um texto de História e Geografia. Por isso, mesmo da 6ª série em diante, constatam-se sérias dificuldades de compreensão que chegam mesmo a inviabilizar um bom aprendizado. Esses pré-requisitos para a boa compreensão da História e da Geografia e das demais Ciências Humanas serão desenvolvidos a seguir, nos próximos temas.

Para esta parte do trabalho o *conceito básico* é:

— Escola

Textos básicos de leitura

FREIRE, Paulo. *Educação e mudança social*. Rio de Janeiro: Paz e Terra, 1979.

KRUPPA, Sonia M. P. *Sociologia da educação*. 11ª reimp. São Paulo: Cortez, 2007.

MANNHEIM, Karl e STEWART, W. A. C. "O subgrupo de ensino". In: FORACCHI, M. e PEREIRA, L. *Educação e sociedade*. São Paulo: Editora Nacional, 1964.

MEKSENAS, Paulo. "Sociedade, educação e escola para George Snyders". In: *Sociologia da educação*. São Paulo: Loyola, 1988.

_____. "Sociologia e escola". In: *Aprendendo Sociologia: a paixão de conhecer a vida*. São Paulo: Loyola, 1988.

_____. "A escola na sociedade capitalista". In: *Sociologia*. São Paulo: Cortez, 1990.

PENTEADO, Heloísa Dupas. "A escola". In: *Televisão, escola*: conflito ou cooperação. 3. ed. São Paulo: Cortez, 2000.

_____. *Comunicação escolar: uma metodologia de ensino*. São Paulo: Salesiana, 2001.

SOUZA, Antonio Candido de M. "A estrutura da escola". In: FORACCHI, M. e PEREIRA, L. Op. cit.

Princípios do "ensino produtivo" em oposição ao "ensino reprodutivo"

As dificuldades encontradas no ensino atual de História e Geografia residem tanto no conteúdo selecionado quanto nos procedimentos com que foram e/ou são trabalhados. É difícil separar uma coisa da outra. Porém, o estabelecimento prévio de alguns princípios de "ensino produtivo" como os que se seguem, em oposição ao "ensino reprodutivo" no trabalho de ensino-aprendizagem previne condutas inadequadas:

a) buscar a compreensão da realidade em vez de buscar a memorização de informações contidas em textos sem significado ou incompreensíveis para as crianças;

b) despertar a curiosidade da criança em relação ao seu meio e à sua própria vida em vez de depositar nela informações sobre esse meio;

c) desenvolver com a criança instrumentos de conhecimento (conceitos básicos) úteis para a compreensão cada vez mais ampla do seu meio e de outros em vez de depositar nela informações prontas e acabadas.

Se estes forem os princípios orientadores do nosso trabalho, com maior facilidade perceberemos o que é devido ao Conteúdo e o que é devido ao Procedimento, no trabalho escolar.

Estes são os princípios que seguiremos ao cuidarmos da *Atuação*, do *Desempenho* do aluno/mestre.

Apesar de se poder trabalhar com a estrutura conceitual básica de História e Geografia nas séries iniciais do Ensino Fundamental a partir de diferentes programas, apresentamos aqui uma outra proposta. Nessa proposta explicitaram-se os conceitos a desenvolver em cada uma das séries iniciais do Ensino Fundamental, bem como sugeriu-se um conteúdo a ser trabalhado em cada uma delas. Reforçamos aqui que o fato de privilegiar o trabalho com determinado conceito numa série de maneira alguma exclui os demais. Isto porque estamos trabalhando com uma "estrutura" na qual os conceitos se interrelacionam.

Nada, pois, justificaria um trabalho fragmentado com eles, trabalhando um ou outro numa série, abandonando-se os demais. Os capítulos 4 a 8 deste livro asseguram este trabalho conjunto. Nestes capítulos detalhamos para o trabalho em cada uma das cinco séries iniciais do Ensino Fundamental:

— objetivos;

— conceitos;

— conteúdos;

— procedimentos.

Cuidado essencialmente importante que o professor de Metodologia precisa ter, para trabalhar com a proposta que aqui fazemos, é elucidar com os professorandos a distinção entre "conceito" e "fato".

O conteúdo histórico e geográfico é composto de fatos e fenômenos que compõe a realidade da vida humana na Terra.

"Conceitos" são "ideias" que vamos construindo a respeito desses fatos e fenômenos, que resultam da maneira como nos relacionamos com eles.

No ensino produtivo aqui proposto cabe ao professor providenciar situações exploratórias dos fatos e fenômenos que compõem o conteúdo, que introduzem as crianças no desenvolvimento constante de construção de ideias — os conceitos. O que é muito diferente de reproduzir fatos e fenômenos descritos no livro didático, congelando-os no tempo, como se fossem imutáveis.

Os conceitos — as ideias — são instrumentos intelectuais cognitivos, de que nos servimos durante toda a vida, para a exploração e conhecimento da realidade. Como tal, são sempre passíveis de serem completados, ou refeitos, à medida em que as mudanças da realidade por nós exploradas o exigirem.

Algumas sugestões poderão orientar o professor de Metodologia na condução de suas aulas, nessa direção.

Escolhemos para tanto dois temas significativos: *o livro didático* e a *execução da aula.*

O livro didático

Considerando-se que o livro didático é um recurso quase que universalmente utilizado, sobretudo no início do Ensino Fundamental, é imprescindível um trabalho com ele, na formação do professor.

De modo geral, os livros didáticos de História e Geografia (ou de Estudos Sociais) disponíveis, para as séries iniciais do Ensino Fundamental, orientam-se por modelos de ensino diferentes do aqui apresentado. Todavia, como é este o material disponível, e de uso generalizado em nossas escolas, muitas vezes até por ser o único material impresso de que o aluno e até mesmo a escola e o professor dispõem, é preciso que o aluno de Metodologia do Ensino de História e Geografia lide com ele para aprender que as limitações que apresenta não são "fatais". Podem assim se apresentar, pelo *procedimento* adotado pelo professor em relação a ele, como também, por este mesmo *procedimento*, podem ser transformados.

As condições externas de aprendizagem que formos capazes de montar, coerentes com as *condições internas* de aprendizagem dos nossos alunos, é que são responsáveis pelo tipo de resultado obtido.

Em suma, é possível, a partir de um "mau texto didático", desenvolver-se um "ensino produtivo", como veremos a seguir.

Retornemos aos nossos princípios do "ensino produtivo". Consideremos como a Escola é representada nos textos dos livros didáticos. Frequentemente é apresentada em construção de alvenaria, bem-conservada, rodeada de árvores, com crianças uniformizadas, penteadas, bem-calçadas e bem-vestidas, limpas, trazidas pela mão de um adulto por ruas bem traçadas que circundam o prédio escolar. Em algum momento do texto, aparecem afirmações como: "Esta é a nossa Escola! Nela encontramos os nossos professores. São eles que nos ensinam a ler e a escrever as primeiras letras. Eles nos põem nas mãos o nosso primeiro livro. O livro, o nosso melhor amigo!" E assim por diante.

Se considerarmos que: as condições materiais descritas na ilustração do texto correspondem a um número muito pequeno de escolas de nossa realidade; o livro não faz parte da vida cotidiana da grande maioria da nossa população. É preciso lembrar que os livros não são intrinsecamente bons apenas por serem livros! Então, podemos afirmar, numa primeira impressão, que tal material se presta apenas para realizar em sala de aula um trabalho oposto ao que nos propomos, de acordo com os princípios que acabamos de apresentar. Não tem significado, para crianças de escolas diferentes dessa apresentada pelo texto (quantas são!); serve apenas para "depositar" nas crianças valores (o livro, a escola, o professor, o conhecimento) sem a participação na vivência e construção desses valores. Ratifica a inferioridade de suas condições de estudo em relação às apresentadas pelo texto (que ela intuitivamente já percebe, da qual se envergonha e acaba se desvalorizando interiormente diante daquela "escola-modelo", daqueles "alunos-modelos"), tornando-a silenciosamente convencida de sua inferioridade e, consequentemente, de sua incapacidade. Sem que nenhuma palavra seja dita sobre isso! É o ensino subliminar do conformismo, a perpetuação do imobilismo!

Que fazer, então? Massacrar as crianças com a sua dura realidade? O bom senso do professor lhe diz que não. Um dia, essa criança descobrirá... É o fatalismo se perpetuando.

Trata-se de um beco sem saída, então? Não.

Considerando os nossos princípios do "ensino produtivo", tomemos a Escola do texto didático como a representação de uma dada realidade e verifiquemos:
— Como as crianças o recebem?
— O que acham dessa escola?
— Como é essa escola?
— Gostam dela? Por quê?

Em seguida, a ligação com a realidade da criança pode ser feita:
— Ela tem alguma coisa parecida com a nossa escola? O quê?
— E tem alguma coisa diferente da nossa escola? O quê?
— Vamos desenhar a nossa escola?
— Vamos escrever agora sobre a nossa escola?
— Do que gostamos em nossa escola?
— E do que não gostamos?
— Poderíamos mudar algumas das coisas de que não gostamos? Quais?
— Como isso poderia ser feito?
— Quem poderia nos ajudar nisso?

Em seguida, encaminhar e realizar algumas das mudanças desejadas pelos alunos e possíveis de serem executadas seria a culminância, no plano concreto, dos princípios propostos. Porém, o trabalho não deve se esgotar aqui.

É preciso que o professor tenha claro o conhecimento que o aluno formulou a partir desse trabalho, pois não se trata nem da atividade pela atividade, nem da atividade pela imediaticidade pragmática de seu resultado. Trata-se antes de trabalhar com os alunos:
— as características de um dado meio (no qual a escola está construída e inserida);
— o homem como agente transformador de seu meio e, portanto, criador de cultura; para tanto, ele precisa observar o seu meio,

analisar as possibilidades e os limites de atuação que se localizam tanto no meio como nos próprios agentes, experienciar as transformações como um trabalho de natureza coletiva.

Quando se trabalha, pois, com textos didáticos, não pautados pela nossa proposta e a partir de um trabalho como esse, apresentado neste exemplo, é com o apoio dele, que se vai desenvolvendo junto com a criança os conceitos de natureza, cultura, relações sociais, ainda no nível de sua observação e experiência. Daí é que se chegará à explicitação do próprio conceito, que então a criança poderá e deverá saber expressar oralmente e por escrito, no momento certo de seu amadurecimento para tanto.

Este é o caminho da construção dos conceitos básicos de História e Geografia. Nem as atividades esgotam-se em si mesmas, nem os conceitos são "ensinados" (ou pseudoensinados) pelo discurso do professor e pela memorização por parte dos alunos.

Em vez disso, o aluno, com a orientação do professor, vai construindo os conceitos básicos, através das experiências escolares que lhe são propiciadas.

Para que o trabalho com a construção dos conceitos básicos de História e Geografia aconteça da forma aqui proposta até chegar ao nível da explicitação e registro destes conceitos pelo aluno utilizando-se uma outra programação ou material didático, construído a partir de uma outra perspectiva que não a nossa, é preciso que o professor conheça bem a estrutura conceitual básica dessa área e sua importância, enquanto pré-requisito para a compreensão das ciências História e Geografia. Para tanto, é necessário que o aluno-mestre compreenda os problemas do ensino de História e Geografia, usualmente praticados, ao mesmo tempo que conheça e compreenda a proposta que aqui se faz. No capítulo 2 deste livro, o professor de Metodologia encontra material informativo sobre os problemas do ensino dessas matérias, e sobre a nossa proposta.

É preciso fazer o aluno-mestre trabalhar com o livro didático durante sua formação.

Uma maneira é distribuir aos alunos um ou dois textos, de preferência extraídos de livro didático de História e Geografia ou Estudos Sociais ou do livro de leitura utilizado pelo professor da turma onde o aluno-mestre estagia. Caso na escola não se utilizem livros didáticos, poderão ser usados textos produzidos pelo próprio professor das séries iniciais observadas (caso haja); na falta destes, poderá ser usado algum texto selecionado pelo professor de Metodologia, que também poderá produzir textos nos moldes dos habitualmente usados nas séries iniciais. Numa primeira etapa, em grupos, os alunos poderão resolver um exercício do tipo:

1. O que vocês acham desse texto para tal série? Justifiquem a resposta.

2. Supondo que vocês tivessem de trabalhar com esse texto em tal série, como o fariam?

Com base nas respostas, o professor de Metodologia perceberá a relação feita ou não por seus alunos entre o texto e a realidade do aluno das séries iniciais. A partir daí deverá explicitar para a classe o significado do trabalho proposto e problematizar as respostas obtidas, se for o caso, tendo por base os estudos até aqui realizados.

O importante agora, numa segunda etapa, é encaminhar o aluno-mestre para o estudo de:

a) os problemas das formas habituais de ensino de História e Geografia;

b) por que aprender História e Geografia?

c) fundamentos metodológicos da proposta que aqui se faz.

Poderão ser utilizados pelo professor de Metodologia como textos de leitura para o aluno neste estudo os seguintes textos dos capítulos 2 e 3:

1. "História e Geografia: formas de atuação nas séries iniciais do Ensino Fundamental" (p. 31 a 40);

2. "Estrutura conceitual básica" (p. 41 e 42);

3. "A estrutura conceitual básica e o ensino de História e Geografia no Ensino Fundamental" (p. 43 a 47);

4. "Metodologia do Ensino de História e Geografia no Ensino Fundamental" (p. 48 a 69).

Numa terceira etapa é recomendável que o aluno-mestre retorne ao texto didático analisado e enfrente o desafio de extrair dele os conceitos da estrutura conceitual básica de História e Geografia que efetivamente podem ser trabalhados a partir de texto ou livro didático focalizado.

O trabalho com os conceitos previstos nesta proposta para cada série, a partir dos livros didáticos existentes, é a sequência recomendada na formação do aluno-mestre.

Para tanto, o professor de Metodologia poderá:

a) dividir a classe em cinco grupos, segundo o interesse dos alunos-mestres, cada grupo responsável pelo estudo do livro didático de uma das séries (é interessante que os livros sejam de uma mesma coleção).

b) apresentar a cada grupo um roteiro para estudo do texto da série, com algumas questões necessariamente presentes:

— Quais os conceitos trabalhados nesta série, passíveis de serem extraídos desse texto?

— Em que nível (exploratório, específico de série, ampliação de conceito) são desenvolvidos neste texto?

— Que relação existe entre os conceitos desenvolvidos nesta série?

— Como se trabalha com os conceitos específicos da série no "ensino produtivo" aqui preconizado?

— Que diferenças existem entre o "ensino produtivo" e o "ensino reprodutivo" desses conceitos?

— Como é possível trabalhar com os conceitos compreendidos pelo livro didático X?

— Ao lidar com os conceitos desta forma está se fazendo um "ensino reprodutivo" ou um "ensino produtivo"? Por quê?

c) organizar grupos de cinco alunos, cada um provindo do grupo de estudos sobre o material de uma das séries para, a partir do estudo já realizado, responder à seguinte questão:

— Que relação existe entre cada um dos conceitos da estrutura conceitual básica, ao longo das séries iniciais, nesta coleção de livros didáticos (semelhanças, sequência, dosagem, aprofundamento)?

Uma outra maneira de organizar esse mesmo trabalho com os alunos-mestres seria:

a) dividir a classe, segundo o interesse dos alunos, em cinco grupos, cada um responsável pelo estudo de cada um dos conceitos da estrutura conceitual básica de História e Geografia (*natureza, cultura, espaço, tempo, relações sociais humanas*);

b) apresentar a cada grupo um roteiro para estudo, do qual algumas questões devem necessariamente constar:

— Em que nível de ensino (exploratório, específico de série, ampliação) o conceito é trabalhado em cada uma das séries iniciais e por quê?

— Como se trabalha com o conceito em cada uma das séries iniciais do Ensino Fundamental, no "ensino produtivo" aqui preconizado?

— Que diferenças existem entre o "ensino produtivo" e o "ensino reprodutivo" desse conceito?

— Como é possível trabalhar com os conceitos apresentados pelos livros didáticos X?

— Ao lidar com os conceitos desta forma está se fazendo um "ensino reprodutivo" ou um "ensino produtivo"? Por quê?

c) organizar cinco grupos de alunos, formado por alunos provenientes de cada um dos grupos de estudos sobre cada um dos conceitos básicos da estrutura conceitual para, a partir do estudo anterior, em cada grupo:

— comparar os níveis constatados em que cada conceito é desenvolvido ao longo das séries iniciais;

— identificar as relações entre os conceitos, em cada uma das séries iniciais.

Com estes exercícios o aluno-mestre capacita-se para o uso da Metodologia de Ensino aqui proposta como instrumento de trabalho, caso queira utilizar-se do material didático existente.

É importante porém alertar que o uso do livro didático não é imprescindível. O professor que fizer um bom estudo desta proposta será capaz de trabalhar com ela sem o apoio do livro didático e até poderá selecionar textos que lhe pareçam adequados para o conteúdo tratado. Poderão ser tanto textos de História e Geografia, quanto textos de outra natureza como poesias, pequenos artigos de revista ou de jornal, adequados ao conteúdo trabalhado.

A execução da aula

Um outro preparo indispensável do aluno-mestre refere-se a um trabalho prático com o material já estudado.

Uma proposta interessante é elaborar e executar um plano de aula para o estágio, com o conteúdo preconizado para desenvolver um conceito específico da série. Tal plano tanto poderá pôr em prática sugestões contidas nesta proposta, como também, com base nelas, levar o aluno-mestre a experimentar, sob a orientação do professor de Metodologia, procedimentos que lhe ocorram sobre o assunto.

Experimentar-se como professor, ainda que em situação de estágio, é uma experiência muito rica para se perceber as facilidades e dificuldades de cada um na prática, o processo de aprendizagem dos alunos com que se lida, as peculiaridades dos procedimentos empregados.

O posterior exercício de reflexão sobre os dados observados e recolhidos nessa experiência, em conjunto com o professor de Metodologia e os colegas de classe, o retorno aos textos orientadores (sequência dos conteúdos por série — capítulos 4, 5, 6 e 7), a revisão da conduta adotada para a continuidade de experiências futuras, tudo isso é altamente formador.

Quando não for possível recorrer à experiência do estágio-regência (ainda que apenas de uma aula), o recurso à dramatização de uma situação de aula poderá ser útil, desde que sejam tomados determinados cuidados:
1. alguns alunos-mestres elaboram e executam o plano de aula, que será ministrado a um grupo de 15 colegas, aproximadamente;

2. os colegas que atuarão como alunos deverão, orientados pelo professor de Metodologia, assumir papéis característicos de determinados tipos de alunos, já observados em estágio (o colaborador, o distraído, o com dificuldades de compreensão etc.); deverão apresentar um determinado "clima de classe", combinado com o professor de Metodologia (classe cuja tônica é a excelência, classe cuja tônica é a indisciplina, classe disciplinada e de rendimento razoável etc.) e já observado em estágio;

3. os professores-atores e a classe-atriz deverão estar atentos para não se desviarem dos respectivos papéis e do clima de classe combinado, podendo, contudo, responder a situações colocadas pela aula de maneira espontânea (respostas criadas pelos alunos-atores, desde que coerentes com os papéis e com o clima combinados previamente). Assim como os atores-alunos desconhecem o plano de aula traçado, também o professor-ator não pode saber "o clima de classe" combinado. Esse "desconhecimento" mútuo é a garantia da espontaneidade possível, na vivência dessa dramatização;

4. os alunos-mestres que não participarem nem do grupo que preparou o plano de aula nem da "turma de alunos-atores" atuarão como observadores da dramatização;

5. a cena dramatizada deverá ter duração determinada e menor do que a duração da aula de Metodologia, de tal modo que numa mesma aula seja possível ocorrer a dramatização e os comentários sobre ela;

6. os comentários que se seguirão à aula dramatizada deverão ser feitos:

— em primeiro lugar pelos alunos observadores: como viram e sentiram a atuação do professor e da classe, dúvidas que lhes ocorreram, observações que gostariam de fazer;

— em seguida pelo professor-ator: como percebeu a classe como um todo (o "clima de classe"), que dificuldades sentiu, que dúvidas lhe ocorreram, observações que gostaria de fazer;

— por último alunos-atores fazem comentários sobre itens já indicados, ressaltando-se aqui a importância de que descrevam como receberam as ações do professor em relação à classe como um todo e em relação a si próprio e a algum colega em particular;

7. o professor de Metodologia, após fazer seus comentários sobre a aula dramatizada e as observações dos alunos-mestres em seus diferentes papéis tomando por referência os princípios do "ensino produtivo" e do "ensino reprodutivo", encaminha uma nova consulta ao texto orientador sobre esses princípios e, se for o caso promove uma nova dramatização, com outro professor-ator, que tenha ideia de lidar de forma diferente com as dificuldades apontadas, mantendo-se constante a caracterização da classe ou até mesmo podendo-se alterá-la se isso for conveniente para que os alunos-mestres compreendam melhor as questões colocadas.

O professor de Metodologia notará uma mudança no clima de sua sala de aula, ao trabalhar com dramatização. As relações professor/alunos, aluno/aluno se descontraem e ocorre uma grande aproximação entre as pessoas. São comuns no início deste trabalho risos por parte dos alunos, por estarem experimentando um "atuar" diferente, do qual às vezes até se acanham. Da serenidade do professor de Metodologia ao receber e aceitar esta resposta (caso ocorra) como uma fase, e do seu cuidado em assegurar com tranquilidade as metas propostas na condução do trabalho depende o bom êxito a ser alcançado.

O trabalho de dramatização aqui proposto baseia-se na metodologia psicodramática de Jacob Levy Moreno.

No livro *Psicodrama, Televisão e Formação de Professores*, de minha autoria, publicado em 2007, pela Junqueira&Marin editores, o professor de Metodologia encontra informações detalhadas sobre esta modalidade psicodramática de dramatização.

A gravação em vídeo das aulas dramatizadas constituem também importante material didático para os exercícios de análise e reflexão sobre os procedimentos vivenciados.

Um outro recurso bastante fecundo é trabalhar com "miniaulas" ou "minicursos". Trata-se de conseguir um pequeno grupo de crianças de uma determinada série (se possível, mais ou menos doze crianças) para terem uma ou algumas aulas com os alunos-mestres. Nessas miniaulas, estes poderão pôr em prática as sugestões de trabalho desta proposta ou de outras, dentro do mesmo espírito de "ensino produtivo", que a imaginação e a criatividade dos alunos-mestres, com a orientação do professor de Metodologia, forem capazes de desenvolver. Neste caso, os comentários, análises e reflexões sobre a experiência por parte dos alunos-mestres observadores, do que assumiu a regência e do professor de Metodologia devem ser feitos depois da dispensa das crianças.

Um cuidado importante no caso dos "minicursos" ou "miniaulas" é situar os alunos crianças no ambiente em que serão introduzidos, informando-os de que:

— "este será o professor que vai dar aula para vocês" (apresentando-lhes o aluno-mestre encarregado da aula);

— "estes são outros professores, que também vão assistir a essa aula, porque querem aprender a dar aulas cada vez melhor" (os colegas do aluno-mestre);

— "eu sou o professor de todos esses professores" (o professor de Metodologia).

Em seguida, é preciso dar às crianças a oportunidade de fazerem as perguntas que quiserem aos presentes e ouvirem as respostas. Com essa conduta, as possíveis curiosidades, ansiedades e excitações causadas pelo ambiente diferente poderão expressar-se e extravasar-se, atingindo-se, desta forma, um clima propício para o início dos trabalhos, a serem determinados então pelo professor de Metodologia.

Não se pode perder de vista em quaisquer das três modalidades de experiências sugeridas (estágio, dramatizações, "miniaulas" ou "minicursos"), a meta de experienciar, no nível concreto, a nova proposta de trabalho com Metodologia do Ensino de História e Geografia nas séries iniciais do Ensino Fundamental, dentro do espírito de um "ensino produtivo".

Os conceitos básicos dos trabalhos propostos com livro didático e a execução da aula são *os conceitos específicos* a serem trabalhadas nas cinco séries.

Serão úteis ao professor de Metodologia o capítulo 3 deste livro — que traz a proposta programática que é texto básico de leitura para os alunos para a "execução da aula" — bem como os capítulos 4 até 8.

Neles se encontra o espírito propício à geração de conhecimentos sobre o ensino, pelos alunos e pelo professor de Metodologia.

Bibliografia

Desta bibliografia constam:

a) textos clássicos sobre educação;
b) textos voltados para questões referentes ao exercício da prática docente;
c) textos sobre formação de professores, de interesse para formadores de professores, docentes de Metodologia do Ensino de História e Geografia.

Não pretende, de maneira alguma, ser exaustiva.

Evitou-se ao máximo fazer referências bibliográficas ao longo deste livro. Por várias razões: para impedir que a autoridade intelectual dos nomes citados inibisse a crítica da proposta pelo leitor a partir do "seu saber", construído com base em suas leituras e em seu cotidiano de trabalho; para evitar prolongadas digressões teóricas que pudessem desviar o leitor da discussão e análise das práticas que ora nos ocupam.

É importante, porém, ter consciência do referencial teórico que nos alimenta, no exercício de nossas práticas. É com esse objetivo que apresentamos aqui uma pequena bibliografia, a seguir, a fim de compartilhar com o leitor nossos estudos.

ALENCAR, F. et al. *História da Sociedade Brasileira*. Rio de Janeiro: Ao Livro Técnico, 1979.

ALMEIDA, R.; PASSINI, E. Y. *O espaço geográfico* — Ensino e representação. São Paulo: Contexto, 1989.
Apresenta sugestões detalhadas de atividades com espaço, nas séries iniciais, precedidas e acompanhadas de fundamentação teórica que possibilita ao professor saber o porquê de fazer de uma determinada maneira tal atividade.

BITTENCOURT, Circe M. F. *Ensino de História*: fundamentos e métodos. São Paulo: Cortez, 2005.

BRUNNER, J. *O processo da educação*. São Paulo: Editora Nacional, 1968.
Brunner trabalha com a ideia de "estrutura em espiral", utilizada por nós neste livro.

DIENES, Z. P.; GOLDING, E. W. *Primeiros Passos em Matemática* — Exploração do Espaço. São Paulo: Herder, 1969.
Apresenta jogos que além de servirem para o ensino de matemática sobre o espaço, são fundamentais para a compreensão do espaço terra, suas divisões e movimentos.

FORACHI, M.; PEREIRA, L. *Educação e sociedade*. São Paulo: Editora Nacional, 1964.
Nesta obra clássica da literatura educacional e sociológica, há uma coletânea de textos muito elucidativos para a compreensão do fenômeno que nos ocupa. Especialmente os textos de Wilbur B. Brookover e de Karl Mannheim, na parte II — "A educação como um processo social".

FREIRE. P. *Educação como prática de liberdade*. Rio de Janeiro: Paz e Terra, 1967.

_____. *A importância do ato de ler*. São Paulo: Cortez, 1983.

FREIRE. P. *Educação e mudança social*. Rio de Janeiro: Paz e Terra, 1979.

FREIRE. P.; GUIMARÃES. *Sobre educação. Diálogos I e II*. Rio de Janeiro: Paz e Terra, 1982.

No primeiro livro de Paulo Freire aqui indicado, temos uma visão detalhada de seu método, inclusive com a reprodução das gravuras originalmente utilizadas por ele. Apesar de destinado a adultos analfabetos, o valor de sua leitura reside no fato de os procedimentos empregados serem passíveis de adaptação a grupos de aprendizes de diferentes idades e com diferentes características. Essa leitura torna claro que se pode desenvolver trabalhos riquíssimos a partir de materiais e/ou recursos muito simples.

No segundo livro fica explícito que a alfabetização é algo mais que ler letras, símbolos ou representações. Nesse sentido, História e Geografia são importantes instrumentos para a leitura do mundo.

Nas duas outras obras, uma conversa entre dois educadores, dois professores, concretiza princípios que pautam suas ações. Ambos teorizam a partir dessas ações nessas obras importantes para o esclarecimento da ligação, de essência, entre teoria e prática e entre prática e teoria, por meio da qual ambas ampliam reciprocamente seus significados.

GIOVANNI, M. L. R. *História*. São Paulo: Cortez, 1989.

Trata do conteúdo de História que possibilita ao professor ampliar a sua própria compreensão da História do Brasil no conjunto da História Geral.

KRUPPA, S. M. P. *Sociologia da educação*. São Paulo: Cortez, 1993.

A visão sociológica de educação encontrada neste livro oferece ao leitor a oportunidade de analisar o seu desempenho enquanto professor e situar-se em relação à escola existente e à escola desejada.

LEME, D. M. P. C. et al. *O ensino de Estudos Sociais*. São Paulo: Atual, 1986.

Através de relatos de experiências de ensino realizadas com História e Geografia, da 1ª a 4ª série, os autores localizam o leitor professor na correta concepção dos Estudos Sociais que defendem, por meio da fundamentação e das alternativas de trabalho que apresentam.

MARTINEZ, P. H. *História ambiental no Brasil*: pesquisa e ensino. São Paulo: Cortez, 2006.

MEKSENAS, Paulo. *Aprendendo Sociologia*: a paixão de conhecer a vida. São Paulo: Loyola, 1988.

_____. *Pesquisa social e ação pedagógica*: conceitos, métodos e práticas. São Paulo: Loyola, 2002.

NIDELCOFF, M. T. *A escola e a compreensão da realidade*. São Paulo: Brasiliense, 1982. Leitura interessante, principalmente pelo amplo leque de sugestões de exercícios e de situações a serem trabalhadas junto com os alunos, visando experiências significativas para a aprendizagem.

OLIVEIRA, M. A. *Leitura Prazer*. 3. ed. São Paulo: Paulinas, 2004.

_____. *A literatura para crianças e jovens no Brasil de ontem e hoje*: caminhos de ensino. São Paulo: Paulinas, 2008.
Nas duas obras de Maria Alexandre de Oliveira o professor encontra importantes orientações sobre o trabalho com Literatura Infantil nas séries iniciais do Ensino Fundamental.

PENTEADO, H. D. *Psicodrama, televisão e formação de professores*. Araraquara, SP: Junqueira & Marin, 2007.

_____. *Meio ambiente e formação de professores*. 5. ed. São Paulo: Cortez, 2003.

_____. *Comunicação escolar*: uma metodologia de ensino. São Paulo: Salesianas, 2002.

_____. *Televisão e escola*: conflito ou cooperação? São Paulo: Cortez, 2001.

_____. (Org.). *Pedagogia da comunicação*: teorias e práticas. 2. ed. São Paulo: Cortez, 2001.

_____. Pedagogia da comunicação: sujeitos comunicantes. In: PENTEADO, H. D. (Coord.). *Pedagogia da comunicação*: teorias e práticas. 2. ed. São Paulo: Cortez, 2001.
Nos quatro livros anteriores o professor encontra recursos teóricos e de práticas docentes geradoras do ensino produtivo.

_____. O espaço em movimento. In: *Revista Escola*, n. 18. São Paulo: Editora Abril, ago. 1973.

_____. A linguagem dos mapas. In: *Revista Escola*, n. 16, São Paulo: Editora Abril, jun. 1973.

PERET, J. A. *População indígena brasileira*. Brasília/Rio de Janeiro: INL/MEC, Civilização Brasileira, 1975.

PERRENOUD, P. *Novas competências para ensinar*. Porto Alegre: Artmed, 2000.

_____. *Construir as competências desde a escola*. Porto Alegre: Artmed, 1999.

_____. *Práticas pedagógicas, profissão docente e formação de professores*. Lisboa: Dom Quixote, 1993.

PIAGET, J. *Seis estudos de psicologia*. Rio de Janeiro: Universitária, 1978.

_____. *Psicologia da inteligência*. Rio de Janeiro: Zahar, 1977.

Utilizamos destes livros as características do pensamento ao longo do desenvolvimento, descritas por Piaget, na busca de exercícios e atividades propiciadoras e/ou provocadoras condizentes com esse desenvolvimento.

PIMENTA, Selma G. e GHEDIN, E. (Orgs.). *Professor reflexivo no Brasil*. São Paulo: Cortez, 2002.

PONTUSCHKA, Nidia et alii. *Para ensinar e aprender Geografia*. São Paulo: Cortez, 2007.

REIGOTA, Marcos. *Meio ambiente e representação social*. São Paulo: Cortez, 1995.

SAVIANI, D. *Escola e democracia*. São Paulo: Cortez, 1985.

Leitura importante, especialmente dos dois primeiros capítulos ("A teoria da curvatura da vara" e "Para além da curvatura da vara") em que o autor, através de uma análise arguta dos procedimentos da escola tradicional e da escola nova, incorpora as contribuições de uma e de outra numa terceira pedagogia, que se poderia chamar de pedagogia transformadora. Nesta, a importância do conteúdo e dos procedimentos do trabalho pedagógico é preservado, o papel da escola e do professor é claramente definido e é endereçado um convite a todos nós, professores, no sentido de fazermos de nossa prática cotidiana material de reflexão e de descobertas.

SERRANO, C.; WALDMAN, M. *Memória D'África*. São Paulo: Cortez, 2007.

SILVA, A. L. *O índio na sala de aula*. São Paulo: Brasiliense, 1987.

SILVA, M. *Sala de aula interativa*. Rio de Janeiro: Quartet, 2000.

SIMIELLI, M. H. *Geoatlas*. 32. ed. São Paulo: Ática, 2006.

VIOLA, Eduardo J. et al. *Meio ambiente, desenvolvimento e cidadania*: desafios para as Ciências Sociais. São Paulo: Cortez, 1995.

WASSERMANN, R. et al. *Ensinar a pensar*. São Paulo: Herder, 1972.

Este livro apresenta inicialmente uma fundamentação teórica sobre o tema "educação e democracia". A seguir, oferece grande quantidade de sugestões de atividades que exigem o emprego do raciocínio nas Ciências Humanas, adequadas para o Ensino Fundamental e Médio.

Documentos

BRASIL, MEC/MARI/UNESCO, 1995, A Temática Indígena na Escola, Grupion, L. D. B., e Silva, Araújo L. (Orgs.). Distribuição: Assessoria de Educação Escolar Indígena, Ministério da Educação e do Desporto, Bloco L, sala 610, CEP: 70047-900 — Brasília — DF; Mari — Grupo de Educação Indígena/USP, Cidade Universitária, Caixa Postal 8105, CEP 05508-900, São Paulo.

BRASIL. LDB n. 9394/96, Lei de Diretrizes e Bases da Educação Nacional, 1996.

_____. Decreto de Lei n. 4886, de 20 de novembro de 2003 estabelece a Política Nacional de Promoção da Igualdade Racial, 2003.

_____. Lei n. 10639 de 9 de janeiro de 2003 torna obrigatório o ensino da história e cultura afro-brasileira e institui o Dia da Consciência Negra, 20 de novembro, 2003.

_____. Lei n. 11274 de 5 de fevereiro de 2006, acrescenta a 5ª série no EF1, 2006.

PARÂMETROS CURRICULARES NACIONAIS. *História e Geografia*, v. 5, MEC/SEF, 3. ed., 2001.

SÃO PAULO (Município), 1992, Secretaria Municipal de Cultura. *Índios do Brasil*, Grupion L. D. B. (Org.). Distribuição: Mari — Grupo de Educação Indígena/USP, Cidade Universitária, Caixa Postal 8105, CEP: 05508-900, São Paulo.

UNIVERSIDADE DE SÃO PAULO, 1995, PRÓ-REITORIA DE CULTURA E EXTENSÃO, Zumbi tricentenário da morte de Zumbi dos Palmares, Penteado, Heloísa, D. (coord.).

UNIVERSIDADE DE SÃO PAULO, 1995,PRÓ-REITORIA DE CULTURA E EXTENSÃO, Centenário do tratado de Amizade, Comércio e Navegação entre Brasil e Japão, Penteado, Heloísa, D. (coord.).

UNIVERSIDADE DE SÃO PAULO, FACULDADE DE EDUCAÇÃO, 1983, Análise das discussões de grupos. In: PENTEADO, Heloísa D. *A televisão e os adolescentes*: a sedução dos inocentes, série Estudos e Documentos, v. 22.

Neste texto, encontra-se um resumo das características de cada fase do pensamento infantil, ao longo de seu desenvolvimento, segundo Piaget. Esse resumo, por conter características de cada fase, poder ser útil para a compreensão de respostas de nossos alunos.

Sites da internet

Instituto Brasileiro de Geografia e Estatística (IBGE), disponível em http://www.ibge.gov.br http://www.ibge.gov.br/paisesat
Site interessante para consulta do professor por apresentar um planisfério com dados estatísticos sobre 192 países. O mapa permite *zoom* e seleção de um país para examinar em detalhes suas informações.

Literatura infantil

Toda esta bibliografia é muito adequada para os temas aqui propostos para o ensino de História e Geografia na 5ª série.

ARAGÃO, J. C. *Girafa não serve pra nada*. (ilustr.) Graça Lima. São Paulo: Paulinas Editora, 2000. Coleção Magia das Letras, Série Bambolê.
Interessante para Relações humanas respeitosas e colaborativas (leitor em processo e leitor fluente).

AZEVEDO, A. *Pepê o Pirata Pirado*. São Paulo: Paulinas Editora, 2007.
Interessante brincadeira como aquecimento para o trabalho com o jogo de Caça ao Tesouro, na 3ª série.

BARBOSA, R. A. *Outros contos africanos para crianças brasileiras*. (ilustr.) Maurício Veneza. São Paulo: Paulinas Editora, 2006. Coleção Árvore Falante.

_____. *Contos africanos para crianças brasileiras*. (ilustr.) Maurício Veneza. São Paulo: Paulinas Editora, 2004. Coleção Árvore Falante.

FERREIRA, C. *Gergelim, o palhaço*. (ilustr.) Ivan Zigg. São Paulo: Paulinas Editora, 2005. Coleção Esconde-esconde.
Interessante para Relações humanas respeitosas e colaborativas (leitor em processo e leitor fluente).

JOSÉ, E. *O dono da bola*. (ilustr.) Elma. São Paulo: Paulinas Editora, 2004. Coleção Sabor Amizade, Série Com-fabulando.
Interessante para Relações humanas respeitosas e colaborativas (leitor em processo e leitor fluente).

MACHADO, A. M. *Menina Bonita de laço de fita*. São Paulo: Ática, 1986.

MATTOS, H. O. *A onda do mar*. (ilustr.) Ricardo Montanari São Paulo: Paulinas Editora, 2003. Coleção Dobrando a língua.
Interessante para trabalhar com "natureza feita de água".

MHLOPHE, G. *Histórias da África*. São Paulo: Edições Paulinas, 2007.
Neste livro o pequeno leitor encontra dez contos de tradição oral recolhidos do rico imaginário da África. É escrito por uma contadora de histórias da África do Sul.

MUNDURUKU, D. *O diário de Kaxi*. São Paulo: Salesianas, 2001.

_____. *História de Índio*. São Paulo: Cia. das Letrinhas, 1996.
O autor dessas histórias é um índio com formação superior e pós-graduado, que ao escrever esse livro estava interpretando o olhar das crianças munduruku e sua maneira de ver o mundo e a cidade. O livro é ilustrado por crianças indígenas. É excelente material para compreensão da cultura infantil indígena.

NUCCI, N. A. G. *O atraso*. (ilustr.) Osvaldo Sanches Sequetin. São Paulo: Paulinas Editora, 1990. Coleção Dente de leite.
Interessante para estudo da cultura de dia e de noite.

PINTO, Z. A. *O menino marrom*. São Paulo: Melhoramentos, 2005.
A história do menino marrom e do menino cor-de-rosa é bastante ilustrativa de relações interétnicas, tal como são, ou podem ser, vividas no universo infantil.

ROCHA, R. *O reizinho mandão*. São Paulo: Pioneira, 1978.
Nessa história o exercício autoritário do poder e a sua superação são assuntos tratados de maneira lúdica, dentro do imaginário infantil; é útil para o trabalho com a compreensão de diferenças entre modelos de regimes políticos.

ROSA, S. *Quando o dia engoliu a noite*. (ilustr.) Victor Tavares. São Paulo: Paulinas Editora, 2002. Coleção Magia das Letras, Série Letras & Cores.
Interessante para estudo da cultura de dia e de noite.